65歳からは、
お金の心配をやめなさい

老後の資金に悩まない生き方・考え方

荻原博子
Ogiwara Hiroko

PHP新書

はじめに――「老後のお金」を心配しすぎて、疲れていませんか？

「老後資金は、２０００万円以上用意しなさい」
「新ＮＩＳＡを急いでやらないと損！」
「遺産相続は早いに越したことはない」

テレビやインターネットを見ていると、こうした人々の不安を煽《あお》るようなメッセージを多く耳にします。

私も長年、経済ジャーナリストとして、書籍等を通じて皆さんの家計を脅《おびや》かす国の手口について警鐘《けいしょう》を鳴らしてきました。それだけに、怒りも感じているものの、人々が「お金の心配疲れ」に陥《おちい》っているのではないかと危惧《きぐ》しています。とくにご高齢の方は、気が気ではないでしょう。

65歳になり定年を迎えたのに、まったく心が休まらない。

老後は悠々自適《ゆうゆうじてき》の生活を送れると思っていたのに、どういうわけかお金の心配ばかりしている。

そんな人たちに向けて、

「老後の不安を解消し、幸せな晩年を送ってもらう」

「お金の心配をし続けるより、ほんとうに大切なものの存在に気づき、そこに目を向けてもらう」

それが本書の目的です。

人生後半の生き方にもつながる「お金の本」

本書では、以下の順番で、皆さんが抱《かか》える「お金の不安」を払拭《ふっしょく》していきます。

導入となる**序章**では、あなたがお金の心配をしてしまう原因となっている国やマスコミの闇《やみ》を大胆《だいたん》に暴《あば》いていきます。本書を読み進めるうえで欠かせないマインドセットになるので、ここは読み飛ばさず、最初に目を通してください。

第1章は、「これで安心! 荻原流・手元のお金で豊かに暮らす10の方法」と題し、はじめに知っておきたいお金との付き合い方、節約術などをご紹介します。すぐに実践《じっせん》していただける10項目を掲載しています。

第2章は、投資をしたことがない高齢者が投資をすべきではない理由を論理的に解説し、続く**第3章**では、とくにどういった投資商品に注意したほうがいいのか、具体例を挙げながら説明していきます。

第4章は、お金の不安を小さくするためにやってもらいたい「資産の棚卸《たなおろ》しとお金が貯まる仕組みづくり」についてご紹介します。

第5章では、年金や保険などを賢くもらってお得に暮らす「お金の守り方」について、最後の**第6章**では、老後を豊かに暮らす「お金の正しい使い方」についてお伝えします。

私はこれまで執筆した書籍のなかで、経済の仕組みや国の制度を解説してきました。

本書でも皆さんのお役に立てるような最新の情報をお伝えしていきますが、それをふまえたうえで、「どうすれば人生後半を幸せに送れるか」についても、経験談を交えながら私見を述べていきたいと思います。

ご高齢の方はもちろん、これから定年を迎える方にも、何かしらのヒントになれば幸いです。

65歳からは、お金のことは心配ご無用。私自身も70歳を迎え、残りの人生を大切に過ごしたいという気持ちが強くなりました。

皆さんと同じ目線で、「老後のお金と幸せ」について真剣に考えていきたいと思います。

65歳からは、お金の心配をやめなさい●目次

序章　高齢者を脅《おど》すにもほどがある!!　国とマスコミ、金融機関の闇《やみ》を暴《あば》く

第1章 これで安心！ 荻原流・手元のお金で豊かに暮らす10の方法

第2章 初心者ほど損をする! 投資は絶対にやめなさい

第3章 テレビが教えない！投資商品の裏側、全部バラします

第4章 老後の「足るを知れ」！ 出費の計画を立てれば、不安は消える

第5章 そのお金、もらい損ねていませんか？ 制度を活用してお得に暮らす

第6章 「相続の心配」は無駄！ 死ぬまでにお金を使い切りなさい

序章

高齢者を脅《おど》すにもほどがある!!
国とマスコミ、金融機関の闇《やみ》を暴《あば》く

☑ 視聴者が悲鳴を上げた「老後4000万円問題」

「このままだと、老後資金は2000万円どころか、倍の4000万円が不足します」

2024年5月、あるワイドショーでのゲストのコメントがSNSで話題になり、大炎上しました。

以前、「老後（資金）2000万円問題」が話題になったのは、皆さんも覚えているでしょう。

金融庁の金融審議会「市場ワーキング・グループ」が2019年に公表した報告書をきっかけに注目を集めた老後の資金に関する話題です。

報告書には「夫65歳以上・妻60歳以上の夫婦のみの無職の世帯では、65歳から95

歳までの30年間で、年金収入だけでは約２０００万円が不足する」という試算（２０１７年の調査に基づく）がテレビなどで取り上げられ、多くの方がびっくり仰天《ぎょうてん》しました。

ところが、今度は「２０００万円」どころか「４０００万円」も足りなくなるというのですから、開いた口が塞《ふさ》がりません。

「年金収入だけでは約２０００万円が不足する」のは、物価が上昇しないデフレを前提とした話。仮に毎年３・５％の物価上昇率が20年続くと、いずれ老後の資金は２０００万円ではなく４０００万円足りなくなるというのです。

しかも、これは生活費に限った話です。このほかに、**老後は「介護費」「医療費」なども必要です。これも含めれば、少なく見積もっても５０００万円以上もお金が足りなくなってしまう**でしょう。

総務省の「家計調査（貯蓄・負債編）」（2023年）を見ると、世帯主が65歳以上の世帯の貯蓄額の平均値は2462万円と、5000万円には遠く及ばず、半分にも届いていないのです。

ちなみに、この額は平均値であり、貯蓄のある人から順に並べると、中央値はなんと1604万円。一部の富裕層以外は、まったくお金が足りません。

これでは、SNSが炎上するのもごもっとも。高齢者たちの嘆《なげ》きの声が聞こえてきそうです。

☑ 投資を誘い込む「メッセージ」にご用心

これまで何度もお伝えしてきたとおり、「老後2000万円問題」の背景にあるのは、**「老後資金」に対する恐怖を煽《あお》り、皆さんを「投資」に誘い込もうとする政**

府の思惑《おもわく》です。

「老後2000万円問題」のきっかけとなった報告書を作成した市場ワーキング・グループのメンバーには、金融機関の人たちも含まれていました。

しかも報告書に書かれている内容の大半は、「心豊かな老後を楽しむためには資産寿命を延ばすことが重要である」という結論に導くもの。

大騒ぎになったのは「年金収入だけでは30年で約2000万円が不足する」という指摘だったのです。

そこに込められたメッセージを端的《たんてき》に言えば、「年金も先細りで、もう国ではあなた方の面倒を見られない。自分の生活は、自分で守ってください」ということ。

これに対し、「そんなに貯金があるわけがない!」「老後は、国が面倒を見てくれるんじゃないの?」と多くの人が反発したため、当時の麻生太郎《あそうたろう》副総理兼財務大臣兼内閣府特命担当大臣（金融）が、「世間に対して不安や誤解を与えており、政府のスタンスと違う」と報告書の受け取りを拒否。
SNSはますます炎上し、国会をもゆるがす社会不安に発展しました。

☑「老後2000万円問題」はすでに解消している？

これまで私は「もう日本は終わりだ。老後に未来はない」と天を仰《あお》いでいる方に向けて多くの書籍を出版してきました。
ベストセラーになった拙著『年金だけでも暮らせます』（PHP新書）を読んでくださった読者の方から、老後の不安が解消されたという声も届いています。必要以上に怯《おび》える必要はないということをまず伝えたいです。

そしてじつは、この「老後2000万円問題」は、すでに問題ではなくなっています。

表序-1　65歳以上の夫婦のみの無職世帯の家計収支

2016年	▲5万4,711円
2017年	▲5万4,519円
2018年	▲4万1,872円
2019年	▲3万3,629円
2020年	1,111円
2021年	▲1万8,525円
2022年	▲2万2,270円
2023年	▲3万7,916円

出典：総務省「家計調査（家計収支編）」

いったいどういうことでしょうか。順を追って説明してみましょう。

〈表序－1〉は、夫65歳以上、妻60歳以上の夫婦無職世帯の収入と支出の差額の推移です。

２０２０年には、コロナ禍《か》で危機感を持った人たちが家計の出費を抑えたり、1人につき10万円の定額給付金が給付されたりしたことで、家計はマイナスではなくプラスに転じました。

コロナ禍が収束すると、物価高が到来したことで再び家計はマイナスに転じはしたものの、それでも驚異的な物価上昇率だった２０２３年でも３万７９１６円のマイナスに留《とど》まっています。

これを見ると、「約２０００万円不足する」と試算した２０１７年の数字が、かなりマイナスが大きかったので、意図的に抽出《ちゅうしゅつ》したのではないかという気さえします。

ともあれ、この5年ほどで高齢者の節約意識が定着し、老後資金に対する過度の危機感は薄らいでいるのではないでしょうか。

☑ 65歳を過ぎても約6割が働いている

老後資金の不足に対する不安が解消されつつあるだけではありません。

「老後2000万円問題」の試算のサンプルになっているのは、「家計調査」の「夫65歳以上、妻60歳以上の夫婦無職世帯」でした。

ただ、いまは60歳を過ぎても働く男性も女性もかなり多くなっています。つまり、サンプルの世帯は多数派ではないのです。

厚生労働省の「労働力調査」（2023年）を見ると、65〜69歳で働いている男性は61・6％、60〜64歳で働いている女性は63・8％。

70〜74歳では少し減りますが、それでも男性の約42・6％、女性の約26・4％が働いています。

つまり、**「家計調査」がサンプルにしている「夫65歳以上、妻60歳以上の夫婦無職世帯」は、どんどん少なくなりつつある**ということです。

そして、高齢でも働いている世帯は、収入が出費を上回って、なかには貯金を増やしているケースもあります。

☑「物価上昇率3・5％」が20年も続くことはありえない！

「『老後2000万円問題』についてはわかった。でも、ほんとうに必要な老後資金は、4000万円なんじゃないの？」

そう思われる方もいるでしょう。でも、この**「老後4000万円問題」も心配には及ばない**のです。

そもそも、「最低4000万円の老後資金」というのは、現在のような物価高が続くことを想定しています。

この先、さらに物価が上がり続ければ、それに伴って支出もどんどん増えていき、家計の赤字が拡大します。そこから「4000万円」という数字が導かれたと推測されます。

では、物価がどれくらい上昇するのか。

ここでの物価上昇率は、「3・5%」とされていました。ざっくり計算すると、毎年3・5%ずつ物価が上がり続ければ、20年間で4000万円の老後資金が足りなくなるというのです。

ただ、これはかなり無謀《むぼう》な数字です。

なぜなら、総務省の「2023年平均消費者物価指数の動向」では、2023年の物価上昇率（生鮮食料品を除く総合）は3・1%ですが、ニッセイ基礎研究所の予想では、２０２４年度の物価上昇率（同）は、２・３%。２０２５年度は１・８%と、徐々に落ち着きを取り戻していくとのことです。

同じような予測は、日本だけでなくＩＭＦ（国際通貨基金）の報告にも見られます。インフレ率で見ると、日本の今後のインフレ率は２%前後。２０２２年は２・５%、２０２３年は３・27%と高かったものの、２０２４年以降は物価上昇が一段落して２%台で推移すると予測しています。

こうしたデータを見れば、20年間も３・５%という物価上昇率が続くことは超異常な状態で、そんななかで年金まで上がらなければ、「老後資金が不足する」などという生やさしいことではなく、20年後には日本の国が破綻《はたん》しているかもしれません。

新たに浮上した「老後４０００万円問題」は、それくらい非現実的なものであると理解できたのではないでしょうか。

センセーショナルな数字で不安を煽るマスコミ

では、なぜまたこのタイミングで「老後4000万円問題」が持ち出されたのでしょうか。

〝言ってはいけない〟を暴露《ばくろ》する形になりますが、「老後に4000万円が必要」という話が話題になったとき、あるテレビ番組でご一緒した第一生命経済研究所の永濱利廣《ながはまとしひろ》主席エコノミストが、激怒してこんなことを言っていました。

「この計算は、最初は僕が頼まれたんです。僕のところにテレビ局側から『老後2000万円よりも膨《ふく》らました金額で試算できないか』という依頼が来たのですが、どう計算してもそんなに大きくならない。なぜなら、コロナ禍でみんな生活費を切り詰めていたし、働いている人も多いので、老後の生活費が大きくマイナスにはなることはない」

これは、25～27ページで私が説明したとおりです。

「それでも懇願《こんがん》されたので、誠実に数字を積み上げ、それにインフレも加味したデータを提出したのです。ところが、一生懸命現実に即して計算して出した僕の数字はボツにされてしまった。大きく膨らませて計算できる別の人に頼んで、オンエアでは『老後資金は4000万円必要』という予測にまとめられていた。まったく、失礼な話ですよ」

本人から直接聞いた話なので、間違いありません。

もうおわかりですね。

つまり、**視聴率を上げるために、センセーショナルな数字を、テレビ局が仕込ん**

だということです。

その思惑が見事に当たって、ＳＮＳでは不安の声が怒濤《どとう》のように広がりました。

国は昔から「貯蓄から投資」を促《うなが》してきた

勘《かん》のいい皆さんなら、私が言いたいことが想像できると思います。

インパクトのある数字で人びとに脅しをかけ、視聴率を稼ごうというテレビ局もあざといですが、その背景には、こうした話題を自社の商売につなげたいという金融機関の思惑があります。

２０２３年12月、当時の岸田文雄《きしだふみお》首相が、「資産運用立国実現プラン」を打ち出しました。

２０００兆円以上と言われる個人の金融資産を投資に振り向けることによって、株式市場を活性化させて、景気を浮揚《ふよう》させようという政策です。

個人の金融資産を使って、投資で景気を盛り上げようとする政策は、岸田内閣以前にもありました。

1996年の第二次橋本龍太郎《はしもとりゅうたろう》内閣が打ち出した「金融ビッグバン」は、金融システムを改革し、個人の巨額な金融資産を市場に吐き出させようという試《こころ》みでした。

ところが、直後の1997年に、北海道拓殖《たくしょく》銀行や山一《やまいちしょうけん》證券の破綻などが重なり、多くの人が投資どころではなくなり、かえって現金志向が高まりました。

以来、小泉純一郎《こいずみじゅんいちろう》内閣から安倍晋三《あべしんぞう》内閣まで、ずっと「貯蓄から投資」を呼びかけ続けていましたが、その間にITバブルが弾《はじ》けたり、リーマン・ショックが起きたりで、投資をしていた多くの人が手酷《てひど》い目に遭《あ》ってきました。

結局、個人の金融資産は投資には向かわず、政府の思惑どおりにはいかなかったという歴史があるのです。

そんななかで再び、約2000兆円ある個人の金融資産を投資で市場に引き出すことにチャレンジしたのが、岸田内閣だったということです。
長く経済政策を見てきた私からすれば、「懲《こ》りずによくやるな」と驚きを禁じえませんでした。

☑「老後２０００万円問題」で動いた、家計のお金

「老後２０００万円問題」は、皆さんにとっては青天《せいてん》の霹靂《へきれき》で不安を煽られることになりました。一方で、金融機関にとっては待ちに待った「恵《めぐ》みの雨」となりました。

この問題が報じられた２０１９年から２０２１年にかけて、金融機関は人びとの不安を利用して投資商品の販売を大きく伸ばしています。

とくに大手証券会社の伸びは著《いちじる》しく、２０１９年には約25兆円だった資産形成商品の預り資産残高が、２０２１年には約41兆円と急増しています（表序－２）。

表序-2　資産形成商品の預かり資産残高推移

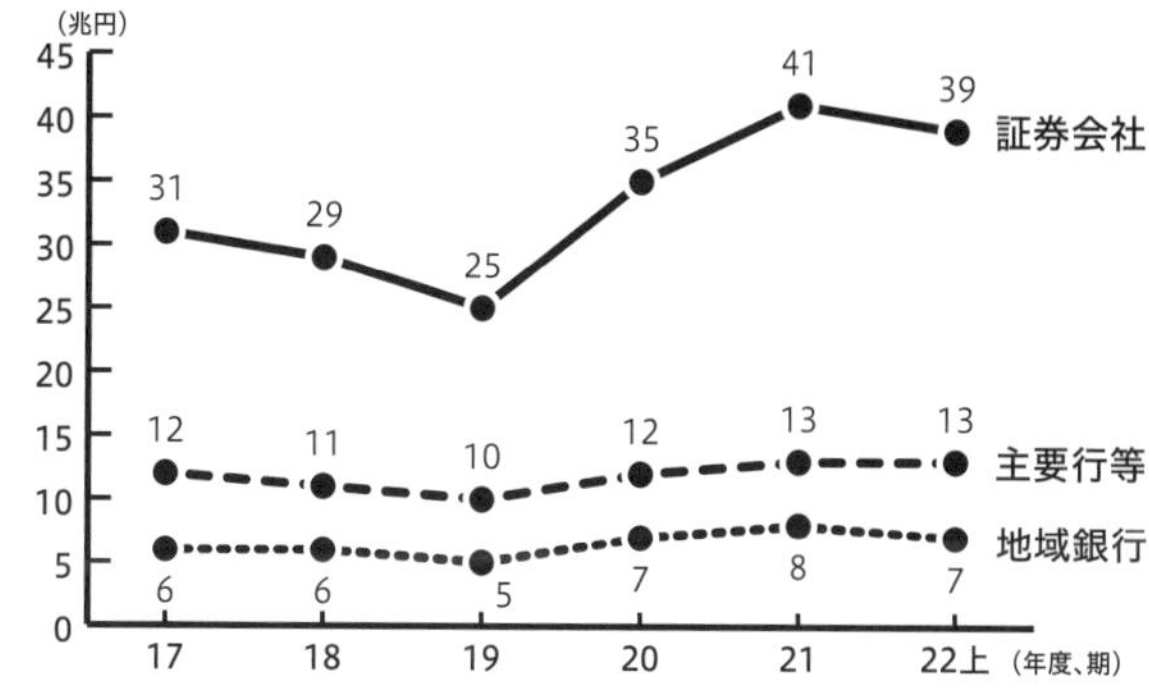

出典：金融庁「リスク性金融商品の販売会社による顧客本位の業務運営のモニタリング結果」(2023年)

それだけ、**多くの人が「投資」を始めた**ということです。

〝夢よ再び〟とばかりに、「老後4000万円問題」が出るや否《いな》や、多くの金融機関がこの話題に飛びつき、「老後に4000万円も不足するのですから、すぐに、わが社で投資を始めてください」と投資攻勢をかけています。

しかも、これを後押しするように、2024年1月から新NISAがスタートし、日経平均株価が4万1000円を超えたことで投資熱に拍車がかかり、雪崩《なだれ》を打って多くの人が投資を始めたのは記憶に新しいところです。

国も、諸手《もろて》を挙げて大宣伝し、「投資しなくては、豊かな老後は得られない」とばかりにリスクの説明もそこそこに、なけなしの虎《とら》の子を投資につぎ込むことを奨《しょう》励《れい》しています。

でも、落ち着いて考えてみてください。

ほんとうに、投資をしないと「明るい未来」はやってこないのでしょうか？

☑ 死ぬまで「お金の心配」を続けるのですか？

物価が上昇するのに、それに見合った賃金がもらえる保証はありません。後述しますが、年金も実質目減りしています。

それだけに、老後のことを考えると不安しかないという人がたくさんいて、いま、国や金融機関が、こうした人たちの不安を煽り続け、次から次へと投資に誘い込んでいます。

けれど、**その投資で買った投資商品が目減りして、さらに将来への不安を増幅させることになるかもしれない**のです。

2024年7月11日、日経平均株価が4万2000円を超え、市場が大きく盛り上がりましたが、翌月の8月5日にはなんと4400円も下落。1987年のブラックマンデーの翌日を超える過去最大の暴落に、投資初心者の「パニック売り」が続出したようです。

まさに、ジェットコースター相場です。投資に不安を覚えるのは当然でしょう。

そんななかで、できることならお金の心配をせずに老後を迎えたい。誰しもそう考えるでしょう。

では、どうすれば、お金の心配をせずに生きていけるのか——。

それに答えるのは難しいのですが、ただ、「投資をすれば豊かな老後になる」という思い込みは即刻改めるべきです。

人はいつか死にます。どんなにたくさんお金があっても、あの世までお金を持っていけません。

お金とは、生きている間の生活を幸せにしてくれる「道具」にすぎない。

そう割り切れば、「老後資金として4000万円が必要」「投資をしないと豊かな老後を過ごせない」「年金が目減りする」などという言説に踊らされず、自分にとっていちばんの幸せは何なのかを見定められるはずです。

それを見つけるための方法を、これから皆さんと一緒に考えていきたいと思います。

第1章

これで安心！荻原流・手元のお金で豊かに暮らす10の方法

❶ 夫婦で1500万円の現金があれば安心

「老後資金はいくら必要？」

そう聞かれたら、あなたはなんと答えますか？

序章でも書きましたが、「老後は2000万円、いや最低でも4000万円は必要だ」などと煽《あお》られ、多くの人が「老後の不安」に駆《か》られています。

では、ほんとうに老後に必要なお金は、どれくらいなのでしょうか。

私は、**一般的な会社員なら、年金と退職金と少しの貯金があれば、「悠々自適《ゆうゆうじてき》」とまではいかなくても、老後はかなり幸せに暮らせる**のではないかと考えています。

厚生労働省の「国民生活基礎調査」（2023年）を見ると、年金だけで暮らしている人は41・7％で、年金以外でお小遣《こづか》い程度の仕事をして暮らしている人も含めると約6割になります。また、高齢者世帯の約37％は、投資などしなくてもそれなりに暮らしています。

老後も働きたいという人たちに対しては、高齢者雇用確保措置《そち》の経過措置が2025年3月31日に終了し、4月からは、本人が希望すれば65歳までは雇用し続けなくてはいけないという義務が会社に課せられますが、これが70歳まで延長される可能性があります。なぜなら国は、少子高齢化社会を迎え、高齢者にしっかりと働いてもらいたいと思っているからです。

☑ 主だった出費は生活費くらい

序章でも述べたとおり、現在は定年後も働く高齢者は増えています。

そういう人たちは、そこそこの収入を得ている一方で、主だった出費はふだんの生活費くらいです。
住宅ローンなどの負債を返済し終えて、子どもの教育費もなくなり、現役時代のような高い税金や社会保険料を払わなくてもよくなって、あとは自分たちが食べていくだけなら、年金の範囲内でそこそこ暮らしていけるでしょう。

老後にかかる「介護費」「医療費」を把握しよう

老後のお金で多くの人が心配しているのは、若い頃はあまり必要ではなかった医療費や介護費がかかってくること。これがどれくらい必要なのか見当もつかないから不安になるのです。

断言します。

「介護費」は1人約600万円、「医療費」は2人で200万円ほど用意しておけ

ばいいでしょう。これは世間一般の平均額でもあります。

つまり、夫婦で合計1400万円くらいの貯金があれば安心。少し多めに1500万円を「イザという時」のために現金で銀行に預けておけば完璧《かんぺき》です。

これは「平均」なので、健康で長生きすれば、こんなに必要ではないかもしれません。ただ、いつ何があるかわからないので、人並みの準備だけはしておいたほうがいいでしょう。

そして、できるだけ健康を保つように心がければ、老後資金の心配はほとんどなくなったようなものです。

お金の不安が消えるメッセージ

年金と「ちょっとの稼ぎ」で老後は安心して暮らせます

❷「年金目減り」の心配は、おやめなさい

多くの方が「今後ますます財政が悪化して、将来もらえる年金が削《けず》られていくだろう」と覚悟していると思います。

ただ、どのように減っていくのか、具体的な数字を予想できる人はいません。誰もが、なんとなく年金額が減っていって、最後は惨《みじ》めな老後を迎えることになるのではないか、と漠然《ばくぜん》とした不安を抱《かか》えているのです。

はっきり言って、すでに年金をもらい始めている人は、それほど心配する必要はないでしょう。なぜなら、**年齢が上がれば、家計の出費も減っていく**からです。

2人以上の世帯のうち、65歳以上の無職世帯の実収入を世帯主の年齢階級別にみると、65～69歳は29万6122円、70～74歳は26万7508円、75歳以上は23万

9727円。年齢が上がるごとに約1割ずつ減っていくのがわかります（「家計調査〈家計収支編〉」2023年）。

もちろん、収入が減っていく以上に、物価が上昇していけば、厳しい暮らしを強《し》いられるかもしれません。

実際に、2024年は、年金額そのものは少し増えましたが、それ以上に物価が上昇したために、実質目減りしました。

それでも、すでに年金をもらい始めている人の場合、食べていけないほどまで年金が減ってしまうとは考えにくい。なぜなら国は、すでに受給している人の年金を減らすような無謀《むぼう》なことはできないからです。

☑「70歳支給開始」に引き上げられても、慌てるべからず

では、まだ年金をもらっていないという人は、どうでしょうか。

若い方には、年金目減りの不安もさることながら、年金の支給開始年齢自体が上がるのではないかという不安があります。

日本人の平均寿命が延び続け、「人生100年時代」を迎えたいま、年金の支給開始年齢もそれに合わせて70歳まで引き上げようという思惑《おもわく》もありそうです。

公的年金の受給繰下げ年齢を75歳まで可能にしたのも、iDeCo（イデコ、個人型確定拠出年金）の受給開始時期の上限を5年延長して70歳から75歳にしたのも、その布石《ふせき》ではないかと言われています。

ただ、年金が70歳支給開始になっても、昨日まで65歳支給開始だった年金が、明日から70歳支給開始になるといった思い切った変更はないでしょう。そんなことをしたら、多くの人の老後の生活設計が狂ってしまいます。

ですから、引き上げるにしても徐々にやっていくことになるでしょう。

公的年金は、以前は60歳支給開始でしたが、65歳まで現役という社会の実現を目指して65歳支給開始にするということで、会社員は厚生年金の定額部分について支給開始年齢の引き上げが２００１年度から始まり、２０１３年度まで12年かけて行なわれました。

続いて、比例報酬《ほうしゅう》部分についても２０１３年度から２０２５年度にかけて３年ごとに１歳ずつ引き上げられています（いずれも女性は５年遅れで実施）。

その間、25年もかかっています。

ですから、仮に「70歳支給開始」が決まったとしても、同じくらいの移行時間が設定されると予想できますから、もうすぐリタイアという人たちはさほど影響はないと言えます。

お金の不安が消えるメッセージ

年金の支給開始年齢が急に引き上げられることはない

❸ 老後の資金計画をざっくり立ててみる

それでも、老後が不安という人は、まず「老後の資金計画」を立ててみましょう。

横軸が自分（夫婦ともにご健在ならご夫婦）の年齢、縦軸が年間で必要になりそうなお金です。

ざっくりでいいので、それを1枚の紙に書き出してみましょう。

なぜ、「ざっくりでいい」のかと言えば、**人生は計画どおりにはいかない**からです。

明日死ぬかもしれないし、先々何が起きるかわからない。そう考えると、正確な人生設計など不可能だからです。

でも、「老後の資金計画」を立てることはまったく無駄かと言うと、そんなことはありません。なぜなら、「老後の資金計画」があるのとないのとでは、年齢を重ねていくうえでの精神的な安心感がまるで違うからです。

☑計画どおりにいかなくてもいい

私は旅行好きなので、夫婦で旅行に出かける時はいつも、夫が綿密《めんみつ》なスケジュール表をつくってくれます。

それに沿って行動するのですが、いったん旅に出ると、スケジュールどおりになるのは行き帰りの新幹線の時間と宿くらいで、どこに行くか、何を食べるかなどということは、行き当たりばったりで変わるケースがほとんどです。

なぜかと言えば、現地に行くと、もっと楽しそうな場所や良さそうなお店が目に入るからです。そうなると、せっかく訪れたのだから、そちらを優先したい。

人生も、旅行と似たところがあります。

ひと昔前なら、いい大学を出て、いい会社に勤めて、ある程度のポストについて、定年後は悠々自適な生活を送るという、「ベストな人生」のひな形が存在しましたが、それも過去の話になっています。

終身雇用と年功序列という日本型雇用システムはすっかり形骸化《けいがいか》し、役職定年で給料は下がる一方。子どもが会社員になれず引きこもったり、定年後は大幅ダウンした給料で働き続けなくてはならなかったり……。こんな人生が待ち受けているとは思いもしなかったと嘆《なげ》く人は多いことでしょう。

ここで大事なのは、計画どおりにいかなかったとしても、**心機一転、いまを起点に新しい計画を立て直せるかどうか**なのです。

✔ いいことも悪いことも起きるのが人生

「人間万事塞翁が馬《にんげんばんじさいおううま》」と言うように、いいことも悪いこともいろいろ起きるのが人生です。クヨクヨしてばかりいても仕方ないし、すぐに諦《あきら》めてしまっては幸せに暮らせません。

「計画どおりにいかないのは当たり前」と思えば、どんな状況になっても「また、心機一転頑張ればいい」という気持ちになれるのではないでしょうか。

資産計画を立てるのは大事。
でも、人生は計画どおりにはいきません

お金の不安が消えるメッセージ

❹ イザという時には、持ち家を売ればいい

老後はできるだけ年金の範囲内でやりくりし、「介護費」と「医療費」として1500万円程度をイザという時のために現金で持っておく、と先ほどお伝えしましたが、「でも、介護が長引いたら、お金が足りなくなるかも」と心配する人もいるでしょう。

そういう人は、**「売れる資産」がどれだけあるか、リストアップをお勧めします。**

多くの人にとって最も高額な資産は「マイホーム」でしょう。

「この家は、いずれ子どもに住んでもらいたい」。その気持ちはわかります。でも、はたして子どもたちは、将来それを望むでしょうか？

2019年に行なわれた国立社会保障・人口問題研究所のデータを見ると、20歳

以上で親と同居している子どもは35・２％。多くの子どもは、20歳になると家を離れています。

それどころか、今後は高齢者の一人暮らしが急増し、２０５０年には、65歳以上の男性の26・１％、女性の29・３％が一人暮らしになると言われています。

✓「空《あ》き家」になったら元も子もない

こうした状況を背景に、問題になっているのが「空き家」です。子どもが親元を離れ、高齢になった親も施設などに入ると、誰も住まない家が残ってしまうのです。

総務省の「住宅・土地統計調査」によれば、２０２３年10月時点で、日本の空き家率は過去最高の13・８％。徳島県、和歌山県、山梨県、鹿児島県、高知県では、すでに空き家率が20％を超えています。地価が高いと言われている東京でも、空き家率は年々上昇しています。

野村総合研究所の予測によると、**2043年には、4軒に1軒が空き家になるそ**うです。

たしかに、最近「0円物件」という言葉を耳にします。家を持っていると、固定資産税や維持管理費がかかるので、タダでもいいので誰かに譲《ゆず》りたいという物件です。

ひと昔前は、「せめて住む家くらいは子どもに残してあげよう」という人が多かったようです。

けれど、子どもがその家に住みたいとは思わず、お荷物になってしまうようでは、「ありがた迷惑」になりかねません。

だとしたら、**売れるうちにリースバックなどを利用して持ち家を現金化しておくのも、ひとつの選択肢になるでしょう。**

☑「いくらくらいで売れるか」をつかんでおく

「子どもや孫と一緒に住んで、将来は自分の介護も頼みたい」などという時代ではなくなり、老後は施設に入るという人も多いでしょう。

当面は家を手放すつもりはない人も、どれくらいで売れるのかを知っておけば、イザという時のための安心材料になります。

家の価格は、その時々で変わります。ネットの住宅情報サイトで、自分の家と立地条件や間取り、築年数が近い物件がいくらで売り出されているのかを見ると、参考になると思います。

ただし、**実際に売れる価格は、売りに出されている価格の8割ほどなので、それをふまえて低めに想定しておきましょう。**

そうやって、持ち家など売れる資産の価格をあらかじめ把握しておけば、突然、多額の出費が生じることになっても慌《あわ》てなくてすみます。

お金の不安が消えるメッセージ

売れない「家」を残されても、子どもは困るだけかもしれませんよ

⑤「食品ロス」撲滅《ぼくめつ》で賢く節約

食品の価格がどんどん値上がりしています。スーパーに行くたびに「このままでは家計がピンチ！」と頭を抱えるご家庭も増えていることでしょう。

その一方で、まだ食べられるのに捨てられている「食品ロス」の問題は深刻で、農林水産省の推計では、**年間約500万トンの食品が廃棄されている**そうです。

しかもその半分は、食べ残しなど家庭から出る廃棄食品で、残りが、企業がつくりすぎたりスーパーやコンビニの店頭で売れ残ったりしたもの。

食品ロスはもったいないというだけでなく、廃棄するのにもかなりのコストがかかっています。**食品ロスは、めぐりめぐって食品価格の高騰《こうとう》につながってしまいます。**

しかも、ゴミとして燃やすと二酸化炭素が発生するので地球温暖化に拍車をかけます。

だとしたら、食品ロスをなくせば、財布にもやさしく、地球にもやさしい。まさに一石二鳥《いっせきにちょう》です！

そこで、家庭の食品ロスを減らすために、今日からできる対策をピックアップしました。

〈1〉買い物に行く前に、冷蔵庫をチェックする

食品ロスをなくすには、食品を買いすぎないことに尽きます。

また、すでに買ってあるものを二重に買ってしまうというウッカリを防ぐには、買い物前に冷蔵庫の中身をチェックする。

それが面倒だという人は、冷蔵庫を開けて、スマホで写真を撮ってから買い物に行く。画像を見ながら買い物をすれば、不要なものを買うことが減ります。

〈2〉ネットレシピを活用する

食材は残さず使い切るのは節約の常識ですよね。そこで便利なのがネットレシピ。思いもつかなかったような調理法が見つかります。

調理レシピだけでなく、次の「保存方法」についても、ネットで調べるのが手っ取り早いでしょう。

〈3〉保存方法を工夫する

ついたくさん買って余ってしまったら、保存にひと工夫しましょう。

たとえば、玉ねぎやにんじんなどは、小さめのひと口大に切って、肉と一緒にジップロックなどの保存袋に入れる。複数個用意したら、そこに焼肉のタレや生姜焼きのタレなどを入れて味付けを変え、冷凍しておけば、フライパンで炒《いた》めるだけで夕食完成。「超時短」にもなります。

〈4〉「ドギーバッグ」を活用する

「ドギーバッグ」とは、レストランなど飲食店での外食で、食べ切れなかった料理を持ち帰るための容器や袋。

アメリカや中国などでは、食べ切れなかった料理をドギーバッグに入れて持ち帰る習慣が浸透しています。日本でも、お店によっては持ち帰れるところも増えてきています。

たとえばデニーズでは、環境にやさしい容器を用意していて、生ものや痛みやすいものでなければ持って帰れます〈容器代は39円〈税込み〉〉。

食べる分だけ注文するのが外食の基本ですが、私はジップロックなどを携帯し、飼い犬にあげられそうな食べ残しは、家に持ち帰るようにしています。

〈5〉「規格外食品」を活用する

魚や野菜など、漁協や農協から市場に出荷される時には、一定の形状や大きさなどを要求されます。

たとえばキャベツの場合、スーパーの店頭に並べるには小さすぎたり、逆に大きすぎてダンボールに均一に入らないと、出荷できないケースが多かったのですが、最近は、こうしたものが「規格外食品」として道の駅や直売所、ネットなどで安く売られています。味は変わらず、価格は安いので積極的に利用しましょう。

食品価格の高騰も、前向きな工夫でカバー

❻「孫にとって必要な教育かどうか」を考える

いまの時代、子どもを水泳教室、ピアノ教室、絵画教室、ダンス教室、パソコン教室など、いくつもの習い事に通わせているケースは珍しくありません。**毎月10万円の費用がかかれば、年間で120万円になります。**

さらに、幼稚園の年少組から有名小学校の受験勉強をさせる家庭もあるようです。極端な例ですが、私の知り合いのある母親は、小学校受験に500万円かけたと言っていました。

親になれば誰しも、わが子には無限の可能性があると信じたいものです。

幼いうちからできるだけ将来の可能性を広げてあげたいという気持ちは理解でき

ますが、「小さなうちからこんなにお金をかけていたら、大学まで行けなくなるのではないか」と心配になります。

教育費が最もかかるのは、高校と大学です。

日本政策金融公庫の「教育費負担の実態調査結果」（２０２１年）によると、高校入学から大学卒業までにかかる子ども１人当たりの教育費用（入学・在学費用）は約９４３万円で、世帯年収に占める年間在学費用（子ども全員にかかる費用の合計）の割合は約15％というから驚きです。

☑「奨学金の返済苦」を理由に自殺する人も

日本の教育費がこんなに高いのは、国が高等教育にお金を出さないからです。

ＯＥＣＤ（経済協力開発機構）が公表した国内総生産（ＧＤＰ）に占める教育機関への公的支出の割合（２０１９年時点）を見ると、日本はたったの２・８％。加盟37カ国中36位でした。

国がお金を出さなければ、誰が教育費を出しているのかと言えば、もちろん、各ご家庭です。その結果、前述のように、高校と大学に行かせるだけで子ども１人当たり１０００万円近い資金が必要になるのです。

ちなみに、日本学生支援機構の「令和４年度学生生活調査結果」を見ると、奨学金を借りて大学に通っている学生は４年制大学で55％、短期大学では約62％（ともに昼間部）。

奨学金といっても、日本の場合は消費者金融と同じように3カ月延滞すると、個人信用情報機関に個人情報を登録されてしまいます。いわゆるブラックリストに載ってしまうのです。

結果、奨学金を負債に含む自己破産が２０１２年度から２０１６年度の５年間で１万５０００人を超えていて、その約半分は親などの連帯保証人になった人も自己破産しています。

２０２３年６月には、２０２２年度から自殺の動機のひとつとして「奨学金の返済苦」が初めて統計に加えられたことがニュースになりました。

☑「孫の教育費」がのしかかってくる

奨学金が、借りた学生本人だけでなく、連帯保証人の人生まで狂わせてしまうことを考えると、「高等教育に金を出さない日本政府が悪い」のですが、その改善が遅々《ちち》として進まない以上、親はある程度まで教育資金を用意しなくてはなりません。

「自分のところはとっくに大学を卒業しているから心配ない」と安心するなかれ。**親の負担を減らすために、祖父母が孫の教育費を出す時代が到来しているのです。**

自分の子どもから「孫を大学に行かせたいからお金を出して」とお願いされたら、応じますか？

そこはひと呼吸おいて、考えてみてほしいのです。

世の中には勉強嫌いな子どももいます。そういう子を、無理して大学まで行かせなくてはいけないのでしょうか。

大学を出ても、就職せずにフリーターになる割合は2割、就職しても3年以内に離職する割合は3割と言われています。だとすれば、「大学だけがすべてではない時代」になっていることを、子を持つ親や祖父母は自覚すべきでしょう。

ゲームが好きな子なら、ゲーマーとして成功すれば億万長者になれるかもしれません。自動車が好きな子なら、免許さえ取れれば学歴は関係なく、長距離ドライバーやタクシー運転手などの仕事があります。

お金の不安が消えるメッセージ

孫のための教育費、ほんとうに必要ですか？

❼ 高額商品の「ついで買い」を防ぐ

買い物に行くと、なんとなく商品を買っていませんか？
これが知らないうちに「無駄遣い」になっている可能性は大です。

スーパーやコンビニで必要なものを買ってレジに並び、前の人が会計をしている間にレジ横に置かれているお菓子に手が出てしまう。お醤油《しょうゆ》が切れてスーパーに買いに行き、いつも使う醤油の横に「減塩醤油」があったら、「ちょっとこれも試しに買ってみようか」とカゴに入れる。そんな経験、誰しもお持ちだと思います。

これは、マーケティング用語で「テンション・リダクション効果」と言います。

「テンション」は緊張、「リダクション」は減少や消滅という意味です。

「忘れずにこれを買って帰らなくては」と目的を持って商品を探し、それを手にした達成感で緊張の糸が切れて、ほっとしてほかの商品を買ってしまうことを言います。

この「ついで買い」を誘発し、財布の紐《ひも》を緩《ゆる》めさせることを目的に、企業はさまざまな工夫を凝《こ》らしているわけです。

レジ横のお菓子やスーパーの減塩醤油なら、それほど高くはありません。困るのは高額商品。「ついで買い」でも、かなりの価格になるからです。

たとえば、車が欲しいと思い、いろいろと研究して200万円で購入を決めた後に、販売員から「カーナビは、1万円アップするだけで機能がグンと上がりますよ」と勧められれば、「じゃあ、高いほうをつけよう！」となりがちです。

保険の手口も同様です。子どもを大学へ進学させるために、在学中に父親が亡くなるというリスクに備えて、１０００万円の生命保険に入る人も多いでしょう。

そのとき、１０００万円の死亡保障のほかに、「がんも怖いです」「成人病も怖いですよ」と勧められるままにオプションを付けたら、思いのほか高額の保険料になってしまったというケースがままあります。

目的の大きな金額のものを買った後は、大した金額のようには思えないので、気が緩んでついつい不要不急のオプションをつけてしまいがち。

通販サイトで、「あと１０００円買えば、送料無料」「合計５０００円以上買えば10％引き」などという宣伝文句も、「ついで買い」を狙《ねら》ったものにほかなりません。

✔ 無駄を減らしたいなら「断る勇気」を

「いますぐ必要ではないけれど、買い置きしておけば、何かの時に便利かも」買い物の時にそういう商品を欲しくなったら、次の言葉を思い出してください。

「あってもいいな」は「なくてもいい」。

いますぐ使わない食べ物や商品は、冷蔵庫の中で賞味期限切れになってしまったり、どこにしまったのか忘れたりして、結局無駄になりがちです。

「たかが200円だから」と思っても、1日おきに買い物に行って不要なものまで買っていたら、200円×15日で月3000円の出費になります。これが1年続けば、3万6000円とかなりの額になるのです。

買い物に行って目的のものを買った後に、店員から「こちらも合わせていかがですか」と勧められると断れない、という人もいますが、無駄をなくす習慣を身につけるため、キッパリ断る勇気を持ちましょう。

お金の不安が消えるメッセージ

「あってもいいモノ」は「なくてもいいモノ」

❽ 自動引き落としほど怖いものはない

いまや花盛りの「サブスク（サブスクリプション）」。もともとは、雑誌の「定期購読」や「継続購読」を指す単語でしたが、現在は音楽配信や映画やドラマの配信だけでなく、定期購入のコンタクトレンズやファッションアイテム、コスメなど、さまざまなサービスがあります。

最近は、「月30万円で、いつでも日本中の別荘に泊まれます」といった高額サブスクまで登場しています。

業者にとって、サブスクの大きなメリットは、いったん契約してもらえれば月々安定した収入が確保でき、収益の予測も立てやすいことにあります。

逆に、ユーザーにとっては、やめどきが難しい。そんなに使っていないサービスでも、「いつか使うかも」と思うと、なかなかやめられません。

けれど、**頻繁《ひんぱん》に利用するもの以外は、すべてやめたほうがいい。**使わないものにお金を払うのは無駄でしかないからです。

✅「サブスク」を使った少額詐《さ》欺《ぎ》が多発！

気を付けたいのは、サブスク型の少額のカード詐欺です。

以前は、クレジットカードを利用すると、無料で紙の利用明細が毎月送られてきたものです。

しかし、コスト削減や電子帳簿保存法に対応するため、紙の利用明細を有料にする会社が増えています。

若い人はともかく、ネットに不慣れな高齢の方のなかには、利用明細を毎月確認するのが億劫《おっくう》だという人も少なくありません。

そこに目をつけた詐欺師たちによって、数千円単位の引き落としが毎月定期便のように繰り返されるという不正利用が増えているのです。

まとまった額が一度に引き落とされると「どうしたのだろう」と思って調べますが、3000円くらいの引き落としの場合、気づきにくい。

いろいろな「サブスク」を利用している人ほど、つい見過ごしてしまいがちです。じつは、3000円くらいの金額だと、カード会社の不正利用防止システムに引っかからないのです。

けれども、**たとえ毎月3000円でも、1年なら3万6000円。10年なら36万円。30年なら100万円を超える額になるのです。**

☑「全解約」も、節約の一手

カード会社は、不正利用の場合は基本的に補償してくれますが、「不正利用を届けた日から60日前まで」など期限が決まっています。継続的な不正利用を長期間放置していたら、補償期限以前の被害額は戻ってきません。

きちんと毎月の利用明細をチェックして、レシートと突き合わせる作業が必要です。「月末に必ず行なう」などルーティン化しておくといいでしょう。

詐欺師は、あらかじめ偽メールを送り、これに反応した人のパスワードなどを盗みます。また、サブスク広告からフィッシング詐欺に誘導するケースもあります。

銀行口座の引き落とし明細をチェックし、怪しいと思ったらカード会社に電話で問い合わせること。それが面倒と思うなら、「サブスク」全部をやめてもいいくらいです。

サブスクは「麻薬」みたいなもの。中毒にならないように注意！

お金の不安が消えるメッセージ

❾ 健康食品にお金を使うのはやめなさい

高齢になると、健康食品を注文したり、サプリメントを摂取し始めたりする人も多いです。

テレビCMでもバンバン流れているからでしょうか。なかにはお買い得な商品もありますが、サブスクと一緒で定期購入していればそれなりの額になります。

私は「サプリ」と言われるものは、買いもしませんし、飲んでもいません。

唯一、青汁だけは、97歳で他界した祖父の影響で、無農薬栽培のケールを搾《しぼ》って冷凍したものを、解凍して毎日飲んでいます。

野菜の搾り汁ですから、生野菜を食べている感覚です。

いまは亡き祖父と祖母は、70代の頃に高血圧になり、医者からも「先が長くないよ」と言われていました。

研究熱心だった祖父は、いろいろ調べて、ケールという植物が高血圧に効《き》くという結論に達し、畑を借りてケールの栽培を始めました。

そして、毎日ケールの葉をミキサーですり潰し、その青汁を、自分だけでなく家族にも飲ませてくれました。

そのおかげだと断言はできませんが、**祖父も祖母も血圧が下がり、ちょっと高血圧気味だった私の父も血圧が下がり、みんな１００歳手前まで長生きしました。**

その祖父の遺言が「青汁を飲みなさい」だったので、私もそれには従っているというわけです。

☑ サプリよりも、バランスよく食べる

私がサプリを飲まないのは、そもそも薬を飲む習慣がないからです。

私の母は、2022年に亡くなったイギリス女王のエリザベス2世と同じ1926年生まれでいま98歳ですが、幸いなことに健在です。

母は、昔、中学校の家庭科の先生をしていて、私は母から料理を教えられました。家庭科の先生ですから、「玉ねぎにはアリシンという成分があって、疲労回復や病気予防に効くんだよ」などと、料理をしながらいろいろなことを教えてくれました。

後に母は、「健康を守る会」を友人と立ち上げて、健康と食品についてさまざまな勉強を重ねるだけでなく、添加物が体に悪いということで信州ハムにかけあい、無添加ハムをつくってもらう活動もしていました。

おかげで、小さい頃から玄米飯。インスタントラーメンやお菓子などは、添加物が多い（母はそう信じていました）から、なかなか食べさせてもらえませんでした。

いまでも我が家が玄米飯に無農薬野菜なのは、母の影響が大きかったのでしょう。

野菜や肉、魚をバランスよく食べていれば健康だという母の教えのおかげか、ほ

とんど病気知らずでここまでやってきています。

体にいいはずの健康食品が、健康を害するだけでなく、飲み続けた人を死に至らしめる可能性もゼロとは言えない時代です。それよりも、体が喜ぶものを毎日バランスよく食べる。

そうすれば、節約にもなるし、一石二鳥ではないでしょうか。

お金の不安が消えるメッセージ

長生きしたければ、サプリをやめてみる

⑩「お金持ち」ではなく「時間持ち」になろう

〝ぜいたく〟という言葉を聞いて、皆さんは何を連想しますか？

手の出ないような価格のブランドのバッグ？　豪華客船で世界一周？　高級車を乗り回す？　一等地の高級マンションに住む？

どれも、〝ぜいたく〟です。

でも、こうした〝ぜいたく〟は、宝くじが当たれば実現できるでしょうが、そんなチャンスはめったにありません。だとすれば、私たちは一生〝ぜいたく〟とは縁がないのでしょうか。

いえ、世の中にはお金で買えない〝ぜいたく〟が存在します。

5年ほど前に、三陽商会《さんよう》が中学生以下の子どもを持つ20～40代の母親600名を対象に「母の日に一番欲しいものは何ですか？」というアンケートをしました。「花や手紙など感謝の気持ちが伝わるもの」「形に残るプレゼント」などを抑えて、圧倒的多数の母親が「欲しい」と答えたのは「時間」でした。「自分の自由に使える時間」「家族と過ごす時間」が、どんなモノよりも大切だというのです。

私が50年近く付き合っている古い友人の1人に、日本画家がいます。銀座の画廊やデパートなどで時々個展を開いている「画伯《がはく》」で、我が家にも何枚か彼の絵が飾ってあります。

彼の描く動物はいつも笑っていて、どことなくユーモラスなその絵を見ていると、辛《つら》い時でも不思議と明るい気持ちになり、気づくと自分もニコリと笑っています。

私は彼を、「辛さを幸福に変えてくれる画家」だと思っています。

その彼の口癖《くちぐせ》は、「僕はお金持ちじゃないけれど、時間持ち」。

とてもステキな言葉です。

彼は、私と同じくらいの年齢ですが、結婚もしていないし、もちろん子どももいません。何匹かの猫たちと一緒に暮らしていて、スーパーのタイムセールで安い食品を買い、着る物や見た目も気にしない。

普通の人なら、良い服を着て美味《おい》しいものを食べるのが〝ぜいたく〟なのでしょうが、彼にとっての〝ぜいたく〟は、キャンバスに向かって一心に絵を描いている時間。だから、「お金はなくても僕はぜいたくな生活をしている」と胸を張って言えるのでしょう。

☑ ほんとうの〝ぜいたく〟って、なんだろう？

質問を少し変えてみましょう。

〝ぜいたく〟ができるとしたら、皆さんは、何がほしいですか？

今度は「モノ」ではなく「時間」と答える人が増えたのではないかと思います。

時間は、お金と違って誰にも平等に与えられていますが、その使い方次第では〝ぜいたく〟な気持ちにも「不幸」な気持ちにもなります。

どうせなら、「幸福」な気持ちで毎日を過ごしたいものです。


2019年3月、生活評論家の吉沢久子《よしざわひさこ》さんが、心不全のため東京都内の病院でお亡くなりになりました。享年《きょうねん》101。

吉沢さんは、夫や姑《しゅうと》と死別したのち、66歳で一人暮らしをはじめ、生前はシニアライフについての多くの書籍を残されました。

彼女は『100歳の100の知恵』（中公文庫）のなかで「私のしないこと十訓」に「愚痴《ぐち》は言わない。世間体《せけんてい》は考えない。義理のおつきあいはしない。人間関係は腹八分目。人と自分を比べない。相手に多くを望まない。悪口や噂話《うわさばなし》にはかかわらない。人のプライドを傷つけない。金銭の貸し借りはしない。人のやることに口出しをしない」を挙げています。

そして、『ほんとうの贅沢《ぜいたく》』（あさ出版）という本では、「自分の思い描いたふうに生きていけるのは、とても贅沢で幸せなことなのです」と書いています。

自分にとっての〝ぜいたく〟をしっかり自覚しながら、毎日を嚙《か》み締めて生きていきたいですね。

お金の不安が消えるメッセージ

〝ぜいたく〟はお金があっても買えません

第2章

初心者ほど損をする！
投資は絶対に
やめなさい

投資をしないと豊かな生活を過ごせない？

いま、日本では、国をあげて「投資をしよう」の大合唱になっています。

「投資は儲《もう》かる」という話を専門家から聞いたり、「過去最高の株価」とテレビで報じられたりしたら、「投資」をしないと損をするのではないかと、不安になるのも無理はないでしょう。

けれど私は、必ずしも投資が儲かるとは思っていません。

実際、私のまわりには「投資さえしなければ、明るい老後が迎えられたのに……」と悔《く》やむ人が、意外と多いからです。

はっきり言って、いまの相場は、素人《しろうと》がラクに儲けられるような環境ではなくなっています。しかも、皆さんが「投資の常識」として教え込まれていることが、まったく通用しなくなっているのです。

ところが、序章で述べたとおり、国をあげて「投資」を勧めるものだから、「国が言う『投資の常識』に従えばいい」という風潮《ふうちょう》になっています。

私からすれば、いまの「投資の常識」は、そうとうおかしいのに。

「投資の常識」について語る前に、皆さんに知っておいてほしいことがあります。

投資で成功するには、それなりの「投資環境」と個人の「投資センス」が必要だということです。

では次項から、「投資環境」と「投資センス」という2つの視点で、いまのマーケットを見ていきましょう。

お金の不安が消えるメッセージ

「投資は儲かる」なんて言葉を信用してはダメ！

いまの経済環境では、投資は「ギャンブル」になるだけ

投資が儲かるのは、基本的に経済が右肩上がりで伸びているからです。その意味では、現在の投資環境はそれとはほど遠いものです。

ウクライナや中東で続いている戦争の影響は、株価や為替《かわせ》といった形で私たちの身近に現れます。そして、これから世界で何が起きるのかは、誰も予測できない。

こうした、**先の読めない世界情勢のなかで、金融商品にお金を投じるのは、「投資」ではなくギャンブルそのものです。**

世界情勢が不透明化しているだけでなく、国内に目を向けても、景気はけっして安定しているとは言えません。

その大きな要因となっているのが、「アベノミクス」の負の遺産とも言える「格差拡大」と「円安」です。

２０１３年に当時の安倍晋三《あべしんぞう》首相が掲げた経済政策、アベノミクスは当初、「異次元の金融緩和《かんわ》のもと大企業が潤《うるお》えば、その雫《しずく》は、中小零細《れいさい》企業や一般のご家庭にも滴《したた》り落ち、みんなを豊かにする」と大宣伝していました。いわゆる、トリクルダウン理論です。

そしてアベノミクスで大企業は大儲けし、２０２３年度末までに企業の貯金にあたる内部留保《りゅうほ》を６００兆円以上貯め込みました。

その結果、この儲けが雫となって滴り落ちることはありませんでした。給料は上がらず、給料から物価上昇分を差し引いた実質賃金は下がり続けました。

しかも、当初は「全国津々浦々《つつうらうら》まで、景気回復を実感してもらう」などと言っていた安倍首相自《みずか》ら「アベノミクスでトリクルダウンは起きない」と言い出す始末。

そのため、富めるものと貧しいものの貧富の差は広がり、目指した豊かさとは正反対に、モノは潤沢《じゅんたく》にあっても、思うように買えなくなり、個人消費は低迷し続けました。

「アベノミクス」が、円安と物価高を助長した

アベノミクスは、「金融」「財政」「成長」の三本の柱で推《お》し進められるはずでした。

けれども、「財政」は途中で消え、「成長」は、戦略がないまま実行されず、結局「金融」の一本足打法となり、なんとか景気を維持するために、日銀が大量の国債を買い上げる大規模金融緩和を10年以上続けていたのです。

一方、コロナ禍《か》で景気を底支えするために金融緩和で金利を低くしてきた海外の先進国も、コロナ禍が収束して景気が再び上向きになったのを見て、軒並《のきな》み金利を上げました。

それなのに日本だけは、あまりに長くゼロ金利（途中からマイナス金利）を続けたために、物価が上昇したら金利を上げて抑えるという普通の国が行なっている政

策が打てなくなってしまいました。

長期間続いたアベノミクスとの副作用があまりに大きかったのです。

海外は金利を上げるのに、日本では金利が上げられない。そうなると、海外との金利差が開きますから、円が売られてドルが買われる「円安」が進んでしまったのです。

お金は金利の低いところから高いところに流れますから、金利の低い円が売られて、金利の高いドルが買われ、円安になるのは当然のことなのです。

実際、アベノミクスが始まった頃（2013年6月）の為替相場は、1ドル＝100円前後でした。ですから、海外からさまざまなものを安く買えたのですが、これが2024年4月末には1ドル＝160円を超えました。

わかりやすく言えば、100円で輸入できた品物が160円になったのですから、それが価格に反映され、消費者が「モノの値段が上がった」と悲鳴を上げるのはもっともです。

日銀の黒田東彦《くろだはるひこ》前総裁がアベノミクスをやりっぱなしのまま退陣し、その後始末をすることになったのが植田和男《うえだかずお》総裁ですが、10年間も続いた「金利のない状況」を是正するのは難しかった。

2024年7月末に金利を0・25％引き上げると決定、8月5日には4400円以上も株価が暴落するという状況になり（翌6日には3200円以上上昇）、行き着く先が見えません。

不透明極まりない経済環境で投資するなんて危険すぎる。私には、到底理解できない行動なのです。

お金の不安が消えるメッセージ

「格差拡大」「円安」の不透明な経済環境で、投資に手を出すのは危険！

日本で「投資教育」を受けた人は、わずか7%

前項で述べた不透明な経済環境に加えて、「投資教育」を受けていない人までが、不安に駆《か》られて投資を始め、大損しているというのが現実です。

実際、投資の何たるかを知らないまま、なんとなく株を買ったり、新NISAを始めたりしている人があまりにも多いのです。その原因は、**国として「投資教育」に力を入れてこなかった**ことが原因です。

それどころか、30年くらい前までは、「投資などせずに、堅実に貯金しろ」というのが、国の方針になっていました。

50年前には、夫が「給料の一部で株を買う」と言うだけで、奥さんが泣き崩れ、親戚縁者から「どこでどう道を踏み外《はず》してしまったのか」と咎《とが》められるほど。**投資などする人は、「道楽者で、おかしな人だ」と白い目で見られていたのです。**

そんな状況でしたから、「投資」になどほとんどの人が関心を持っていなかったのです。

結果、金融広報中央委員会が約3万人を対象に実施した「金融リテラシー調査2022年」では「『金融教育を受けた』と認識している人」の割合は、日本では7・9％とじつに少ない。

もちろん、証券会社などの金融機関に勤めていて、「投資」の何たるかを学び、その知識を活かして老後の資産を増やそうという人は別です。

けれど、大多数の人は、「投資」のリスクも教えられずに、儲かりそうだという雰囲気だけで「投資」をしようと思い、金融機関の窓口でファイナンシャルプランナーから勧められるがまま商品を買っているという状況は、いまも昔も変わらないようです。

かつては「株屋」と呼ばれていた証券会社

いま70歳以上の方は、子どもの頃を思い起こしてみてください。

私もそうでしたが、両親から口が酸《す》っぱくなるくらい「投資より貯金しなさい」と言われてきませんでしたか？

なぜなら、戦前・戦後に生まれた世代は、現在では考えられないような徹底した「貯蓄教育」のなかで育ってきているからです。

戦争中は、戦費をまかなうために「愛国貯金」を、戦後は、復興のための貯蓄教育が徹底して進められてきました。

そのため、投資について学んだことがないばかりか、投資はギャンブル、まともな大人のやることではないと、常識として叩《たた》き込まれてきたのです。

また証券会社も、戦前・戦後は「株屋」と呼ばれ、「ばくち打ち」というイメージがあったのです。

いまでは考えられませんが、投資も勧めず、投資商品も売らない、お役所のようにお堅い印象の銀行員と比べて、証券会社は社会的に一段低く見られていました。

いまは、銀行を役所と同一のように語ると違和感を覚える若い方もいるかもしれません。

しかし、金融の自由化が進む2000年前後までは、銀行は「大蔵省出張所」として大蔵省の支店のような役割を果たしていました。どの銀行も大蔵省がつくった住宅ローンや預金サービスを、同じ金利、同じ期間、同じ条件で扱っていました。

これが自由化され、各銀行が独自につくった住宅ローンなどを売れるようになったのは25年ほど前からです。いまや銀行も投資商品や保険を売るのが当たり前の時代になっていますから、隔世《かくせい》の感があります。

いまの高齢者は、まだ銀行が大蔵省出張所だった時代に預金したりローンを借りたりしている人が多いので、**「銀行だったら間違いない」と思っている人が多いですが、それは大間違いなのです。**

お金を取り巻く環境はどんどん変わってきているのに、昔と変わらない感覚で金融機関に相談したら、簡単にカモにされます。

そんな世の中についていけないと思った人は、無理をしてはいけません。あなたは、投資に手を出す必要はないのです。

お金の不安が消えるメッセージ

投資教育を受けていないあなたは、いいカモにされますよ！

銀行は預金だけでは儲《もう》からない

この30年で、日本の投資に関する環境は、大きく変わってきています。

いま、**銀行の収益の柱は、投資信託や保険などの手数料が稼げる金融商品です。**

低金利が続く以上、銀行にとって預金はリスクでしかありませんが、投資信託や保険は、ノーリスクで手数料が儲けられる「お金を生む商品」なのです。

「預金にはリスクなどないじゃないか」とおっしゃる方がおられます。

たしかに、皆さんにとっては、「預金」をすればあらかじめ決まった利息がついて戻ってきますからリスクはありません。

けれど、銀行から見ると、皆さんの預金に利息をつけて返すためには、預かったお金を何かに投資してなんとかして増やさなくてはならない。

お金を預かるだけで、リスクになってしまうのです。

一方、投資信託の場合、値上がりしようが値下がりしようが、銀行にはリスクはありません。皆さんが買った「投資信託」や「保険」などを売らない限りは、「信《しん》託報酬《たくほうしゅう》」という手数料が銀行に入ってきます。つまり、銀行にとってはノーリスクで儲けられる金融商品なのです。

銀行が企業や個人にお金を貸して、その利息で儲けていたのは昔の話。しかも、いまは低金利といっても、貸したい大手企業は山のような貯金（内部留保）を持っているのでお金を銀行から借りようとしないし、借りに来る中小企業は貸し倒れリスクを抱《かか》えている。

そう考えると、リスクなく稼げる投資信託や保険が、銀行にとって安全で頼りになる収益源なのですから、銀行は皆さんに投資や保険を勧めると理解できるのではないでしょうか？

お金の不安が消えるメッセージ

銀行に対するイメージをいますぐ変えてください！

第3章

テレビが教えない！投資商品の裏側、全部バラします

「長期投資は確実に儲《もう》かる」に根拠なし

第2章の冒頭で、「いままでの『投資の常識』が通用しなくなっている」と述べました。

では具体的に、どんな常識が通用しなくなっているのでしょうか。

「これまで儲けられると言われた投資商品が儲からなくなった」

「『つみたてＮＩＳＡ』ですら、安心・安全ではない」

など、これから皆さんの思い描く「投資の常識」をことごとく否定していきます。なかには、ショッキングな内容もあるかもしれませんが、落ち着いて読み進めてくださいいね。

☑ 投資を促《うなが》すプロの「アドバイス」

短期の投資は危《あぶ》ないけれど、「長期投資」なら損をするリスクが低くなるのではないかと思っている人がかなりいます。

それは、**「投資のプロ」がそう言っているから**です。

投資アドバイザーを名乗っている人たちは、口を揃《そろ》えて、「長期投資、分散投資、積立投資こそ、投資の王道だ」と主張します。

それを聞いた多くの方が長期投資、分散投資、積立投資なら、素人《しろうと》が投資してもリスクは低いと思い込んでしまうのです。

でも、それはほんとうでしょうか？

それでは、まず、長期投資の常識を疑うところから始めましょう。

突然ですが、簡単なクイズを出します。

皆さんが投資をするとしたら、どちらのアドバイスに従いますか?

・「目先の値上がりが見込めそうなので、短期投資でいきましょう」
・「将来に備えた投資ですから、長期でじっくり投資していきましょう」

ほとんどの人が、後者を選ぶのではないでしょうか。

なぜなら、短期投資だと価格が下がるだけというリスクもあるので怖いけれど、長期投資なら価格が上下しても、右肩上がりならリスクも低くなると思い込まされているからです。

はたして、長期投資なら、ほんとうにリスクは低いのでしょうか。

☑ 10年後より、1週間後のほうが予想しやすい

身近な例で考えてみましょう。

皆さんは、1週間後と10年後、どちらの未来を予想しやすいですか？

1週間後は、いまとほとんど変わらない生活をしているだろうと簡単に予想できますよね。

けれど、10年後となると、定年退職して日々の生活はずいぶん変わっているだろうとか、親の介護をしているだろうとか、妻に先立たれて1人暮らしをしているかもしれないなど、いろいろな状況が想像できます。なかには、10年後のことなど、まったく予想できないという人もいらっしゃるでしょう。

「投資」の世界も同じで、10年後を予想できる人はいません。

この5年間を振り返ってみただけでも、コロナ禍《か》やロシアのウクライナ侵攻など誰も予想していなかったことが起こりました。10年先を予想するのは、神様でも難しいでしょう。

それなのに、なぜ、簡単に予想できる1週間よりも、予想できない10年のほうが、投資のリスクは少ないと断言できるのでしょうか。

「右肩上がり」は、いまや幻想

長期投資の方がリスクが低いと思い込んでしまうのは、日本経済が右肩上がりだった頃のイメージを捨てきれていないからではないでしょうか。

たしかに日本経済が右肩上がりに発展していた高度経済成長期やバブル期には、「長く続けていけば、いつか良くなる」と信じられましたし、入社時には低い給料でも、年功序列制度で誰もが出世できて、給料も上がっていきました。

「会社を辞めたい」と愚痴《ぐち》を吐《は》いても、先輩から「もう少し辛抱《しんぼう》しろよ。長く働いていたら、この会社にいて良かったと思える日が来るから」と諭《さと》されたものです。

その先輩の言葉どおり、我慢して働き、気がついたらけっこう良いポストに就《つ》いていた。そんな自分の経験と重ね合わせて、「長期」という言葉がすんなり受け入れやすかったのでしょう。

しかもこの世代は、貯金の金利が高かった時代に、長期で預けたお金が大きく増えて戻ってきたという経験もあります。

けれど、**「投資」と「貯金」は違います**。

「貯金」は年月をかけて計画的に積み上げていけば必ず増えていきますが、「投資」はその時の経済情勢によって増えたり減ったりするし、必ずしも増えるとは限りません。

バブル崩壊後の不動産のように、右肩下がりに下がっていくと、時間が経《た》つほど値下がりして、売りたくてもますます売れない状況になります。

☑ 投資のプロは、「長期」など考えない

投資を考えている人が金融機関へ相談に行くと、必ず見せられるグラフがあります。**直近10年間の日経平均**です。

「10年前に1万円で買った投資信託が、いま3万円になっています」などと言って右肩上がりのグラフを見せられると、「長期投資なら、こんなに儲かるのか」と思い込んでしまいます。

けれど、株価が上昇に転じたのはここ10年間ほど。

バブルが崩壊してから、日経平均は10年間下がり続けました。1989年の年末には3万8915円でしたが、10年後には1万5000円を切り、2003年には8000円を切るまでになったのです。

同じ10年間のグラフでも、株価がだだ下がりしているグラフを見せられれば、投資などしようとは思わないでしょう。

つまり、**同じ10年間でも、切り取り方によって素晴らしく見えたり、怖く見えたりするのです。**

しかも、これらはすべて過去のこと。この先も右肩上がりになるとは限らない。もしかしたら、これから10年間、下がり続けるかもしれません。

そもそも、「長期投資」を考えて運用しているプロは、1人もいないと言っていいでしょう。

「長期投資におすすめの商品ですから、長い目で見たら安心です」と言われても、これを運用するファンドマネージャーは、短期間で良い運用実績を出すことしか考えていないと思います。

投資信託の運用では、3カ月ごとに決算日があるものが多く、そこで運用実績が悪いとボーナスが減るかもしれないし、外資系などでは、クビになるケースもあります。

そんな人たちが、長期投資を本気で考えるわけがありません。

もちろん、インデックス投信など、ファンドマネジャーが運用するのではなく、特定のインデックス（市場の動向を示す指標や指数）に連動して自動的に買っていく投資信託もあります。

ただ、インデックス投信も必ず右肩上がりになるわけではありません。

たとえば、1989年の年末に3万8915円だった日経平均は、2024年9月末現在で3万7919円。もし、日経平均のインデックス投信を35年前に買っていたら、長期で儲かるどころか、売却すればマイナスになる（この間、手数料も引かれている）のだと肝《きも》に銘《めい》じておいたほうがいいでしょう（平均利回り1〜2％程度のリターンはありま す）。

お金の不安が消えるメッセージ

長期投資で儲かったのは、経済が右肩上がりだったから！

「分散投資」なら、ほんとうに安心なの？

金融機関で必ずと言っていいほど勧められるのが「投資信託」です。

「株は難しいけれど、投資信託ならさまざまな金融商品に分散して投資するので、リスクも少ないし、初心者向けですよ」という説明を受けると思います。

これが「分散投資」の誘い文句です。


分散投資の「魅力」を説明する時によく引用されるのが、**「卵はひとつの籠《かご》に盛るな」**という投資の格言です。

「たくさんある卵を、同じ籠に入れておくと、その籠を落としたら卵は全部割れてしまう。でも、いくつかの籠に分けて入れておけば、ある籠を落としてその中の卵が割れてしまっても、残りの籠に入れてある卵は無事なので、その分リスクが減る」というものです。

この分散投資のセオリーを活かしたのが、さまざまな投資信託なのです。

プロが運用する投資信託を小口で売っているので、株だけではなく、債券や外貨や不動産など、さまざまな資産に分散投資し、リスクを軽減できるというわけです。

では、投資信託は実際にお得な商品で、しかもリスクが分散できるのでしょうか。

☑ リーマン・ショックでは、投資信託が総崩れ

2008年に起きたリーマン・ショックを思い出してください。

アメリカでは、その直前まで好景気が続いていて、住宅価格が値上がりしていま

した。そこで多くの金融機関が「住宅ローンを借りて住宅を買えば、すぐに値上がりするので、それを売ればローンはすぐに返せて、しかも手元に値上がりした分のお金が残ります」と、積極的に住宅ローンを貸し出しました。

本来ならば、住宅ローンは、返済可能な収入がある方に貸し出すもので、この返済可能な人に貸し出すローンは、「プライムローン」と言います。

ところが銀行は、プライムローンだけでは儲からないので、本来なら住宅ローンを組めないような年収の低い人にも、どんどんローンを貸し出しました。

これを、プライムローンに対して「サブプライムローン」と言います。収入が低い人に貸し出したので、貸し倒れ率がプライムローンより高い分、金利も高くなっていました。

問題は、このサブプライムローンの金利が高いことに目をつけた金融機関が、このサブプライムローンが組み込まれた、高い配当をもらえる投資商品を次々と販売したこと。

しかも、「証券化」という手法を使い、このサブプライムローンを何十倍にもレバレッジ（手元資金の何倍もの資金を動かす手法）をかけて、いろいろな投資商品に紛《まぎ》れ込ませて高配当の金融商品をつくり出しました。

2004年頃からアメリカでは不動産ブームが始まり、このサブプライムローンを借りる人が増えましたが、2006年中頃から不動産ブームに翳《かげ》りが出てくると、住宅の価格が下がり始め、「住宅価格が上がれば儲かる」という仕組みが破綻《はたん》しました。

住宅価格が下がり、低収入でサブプライムローンを借りた人が続々と破産したのです。

これによって、サブプライムローンを組み込んだ金融商品は、大幅な値下がりに見舞われました。

そして、「サブプライムローン」をたくさん取り扱っていたリーマン・ブラザーズという、アメリカで当時業界4位だった証券会社・投資信託銀行が破綻し、この影響でさまざまな取引先が破綻し、金融市場をゆるがす大金融危機へと発展していったのはご承知のとおりでしょう。

そして、ほとんどの卵が割れた

リーマン・ショックは、世界中の投資家を恐怖のどん底に突き落としました。

震源地であるアメリカのドルが一斉に売られたので、日本は急激な円高に。さらに円高で輸出産業の収益が悪化するという憶測《おくそく》から日本株が売られ、日経平均株価も大幅下落します。

ダメージを受けたのは、為替や株価だけではありません。債券も売られてキャッシュ化されたので、債券価格も大幅下落しました。

つまり、**「分散投資」していたはずの金融商品が入った別の籠も丸ごと落ちてしまい、中の卵が全部割れてしまったようなものです。**

とくに、「投資信託」に与えた影響は、大きかった。

なぜなら、金利の高いサブプライムローンは、証券化という手法で何百倍にも大きくレバレッジがかけられて、さまざまな投資信託に組み込まれていたからです。

しかも、サブプライムローンを組み込んだ投資信託を、別の投資信託に組み込むなどということも繰り返し行なわれていたので、本家本元の危険なサブプライムローンが、どこに組み込まれているのかさえも、誰も正確には把握できない状況になっていました。

食べられるキノコに毒キノコが混ざっていても、見た目でわかればそれを取り除いて、安全なキノコだけ食べることができます。

しかし、食べられるキノコも毒キノコも、すべて粉々にして混ぜてしまったら、どこに毒キノコがあるのかわからない。これと同じように、サブプライムローンは証券化という手法を使い、さまざまな金融商品のなかに組み込まれてしまい、どこに入っているのかわからなくなりました。

その結果、すべての投資信託に対する不安が広がり、世界中で売りが売りを呼ぶ展開になったのです。

こうして、マーケットは総崩れになりました。ところが、**たったひとつだけ、この時に割れなかった卵がありました。それは、「現金」という、ゆで卵でした。**

☑ 退職金をつぎ込んだら、心配で眠れなくなる

投資信託は、金融機関にとっては「うまみ」が大きな金融商品です。なぜなら、投資した人が手放さない限り、「信託報酬《しんたくほうしゅう》」という手数料が定期的に入ってくるからです。

なかには、「ファンド・オブ・ファンズ」といって、投資信託を複数組み合わせることで、信託報酬が二重に入ってくるものもあります。

皆さんにとっては「割れるかもしれない卵」ですが、売り手にとっては、「絶対

に割れない金の卵」なので、「一本でリスク分散ができますよ」などと勧めてくるのでしょう。

これに老後資金の命綱《いのちづな》とも言える退職金をつぎ込んでしまったら、老後の人生を不安なまま過ごすこととなりかねません。世界的規模の経済危機が起きたら、それだけで寿命が縮まってしまうでしょう。

「リーマン・ショックのようなことはめったに起きないだろう」と言われても、ファンドマネージャーですら予想できないことが起きるのが投資の世界です。

それなのに、なぜ「分散投資なら大丈夫」「投資信託ならリスクが少ない」と言い切れるのでしょうか。

お金の不安が消えるメッセージ

分散しても、投資は投資。
いちばんリスクが少ないのは「現金」

「積立投資」は、「貯金」とは違う！

金融機関の窓口に行くと、「長期投資」「分散投資」と並んで勧められるのが「積立投資」です。これもまた、「リスクの低さ」を強調されます。

しかし、積立投資についても、私は、もろ手を挙げて勧めることができません。

その大きな理由は、**積立といっても、貯金ではなく「投資商品」の積立なので、必ずリスクが伴う**からです。

日本人は、「貯金好き」と言われます。毎月少しずつ貯金しながら、金額が増えるごとに、明るい未来が開けていくような気がするからでしょう。

毎月1万円とか2万円という少額の資金で買い足していく積立投資にも、そういったイメージを抱《いだ》いているではないでしょうか。
けれど、貯金と投資は、まったく別物です。貯金はノーリスクですが、投資には必ずリスクが伴います。

☑「新NISA」に騙《だま》された高齢者たちの末路

「積立投資なら、長期的には必ず右肩上がりになる」などということはありません。

2024年8月5日、日経平均株価が大暴落しました。1987年10月のアメリカの大暴落「ブラックマンデー」の翌日の3836円をも超える4451円の下落に、多くの人が天を仰《あお》ぎました。

この大暴落が起きるまでは、金融機関は「つみたてNISAの運用益は非課税」「つみたてNISAはコツコツと投資信託を買っていくので安心」「安定した老後資金を準備するのに最適なので、高齢者もすぐに始めるべき！」と言って、新NISAを勧めていました。

私のように「つみたてＮＩＳＡだって目減りするリスクがある」と述べると、「変な人」扱いされるほどでした。

ところが、株価の大暴落を機に、「つみたてＮＩＳＡ」を勧めるプロの勧誘文句が変わりました。

手のひらを返すように、**「つみたてNISAにもリスクがある。ただし、目先は乱高下しても、20年後にはプラスになる確率が高い」**と説明を変えたのです。

なぜ、いっせいにこのようなことを言い始めたのでしょう。

じつは、金融庁のＨＰからダウンロードできる『つみたてＮＩＳＡ早わかりガイドブック』には、資産・地域を分散した積立投資を5年保有した場合と、20年保有した場合の運用成果の実績を比べると、後者の場合には元本割れしていないという結果を公表しています。

金融庁に問い合わせると、「１９８９年から5年間投資した場合はたしかに元本割れもあるが、20年間投資した場合には2％から6％くらいの収益を上げている」

そうです。

ただし、「これは過去の実績をもとにした算出結果であり、将来の投資成果を予測・保証するものではありません」と書かれています。しかも、ここで取り上げられているのは、約６０００ある投資信託のうちの「たった一本」。

金融庁は、つみたてＮＩＳＡの対象となる投資信託として、信託報酬が低く、ノーロード（販売手数料が０円）の低コスト商品のみに限定し、「これらを長期投資すれば大丈夫」と説得したかったのでしょうが、それにしてもあまりに無理があります。

☑「20年間の積立」が終わる頃、あなたはどうなっている？

そもそも、「長期投資なら大丈夫」と言われたところで、たとえば20年以上も積立を継続できる人は限られます。

また、いつでも解約できるので、急な出費の時、現金化することもできますが、その場合、長期保有によるメリットを受けられるとは限りません。

考えてみてください。２０１９年の日本人男性の平均寿命は81・41歳。日常生活を制限されずに暮らせる「健康寿命」は、72・68歳。女性の場合は、平均寿命が87・45歳、健康寿命は75・38歳です。

ということは、仮に65歳から20年間積み立てたら、85歳になります。**亡くならずに生きていても、楽しくお金を使えない身体になっているかもしれません。**

それにもかかわらず、金融機関の窓口では、「長期なら、リスクは低くなるのでお金が増える可能性がありますよ」という説明をするわけです。

繰り返しますが、なぜ目先の大暴落さえ予測できないのに、「20年なら大丈夫」などと、言い切れるのでしょうか。「世界経済は長い目で見たら右肩上がりになる」というのは、金融庁をはじめとした金融機関の希望的観測でしかないのです。

お金の不安が消えるメッセージ

投資である以上、積立投資にもリスクがあります

「つみたてＮＩＳＡ」も商品が終了するリスクあり

ここで覚えていただきたいのは、もしかしたら20年以内に消滅してしまう「投資信託」があるかもしれないということです。

皆さんは、「投資信託」の「繰上償還《くりあげしょうかん》」を知っていますか？

そもそも投資信託は、皆さんから預かったお金をまとめて株式や債券に投資して運用します。

しかし、仮に多くの人がその投資信託を解約し、投資できるお金が減って効率的な運用ができなくなったら、信託期間が無期限のものや償還日前のものでも、投資信託の運用そのものを終了してしまうことがあります。

これが、繰上償還です。販売会社から投資信託を買った人に、その旨《むね》の通知が届きます。

つまり、自分の保有する投資信託が含み損になっていても、マイナスのまま解約しなくてはならなくなる可能性があるかもしれないということです。

自分は長期投資するつもりでいても、投資信託のほうが先に「逝《い》ってしまう」こともも起こりうるのです。**運用成績が悪ければ、「つみたてNISA」で買った投資信託でも繰上償還することがあります。**

☑ 最悪、お金が返ってこないことも

「つみたてＮＩＳＡ」をスタートする際にもらう「投資信託説明書（交付目論見《もくろみ》書）」には、次のような留意点が書かれています。

ファンドは、大量の解約が発生し短期間で解約資金を手当てする必要が生じた場合や主たる取引市場において市場環境が急変した場合等に、一時的に組入資産の流動性が低下し、市場実勢から期待できる価格で取引できないリスク、取引量が限られてしまうリスクがあります。これにより、基準価額にマイナスの影響を及ぼす可能性、換金申込みの受付けが中止となる可能性、既に受け付けた換金申込みが取り消しとなる可能性、換金代金のお支払いが遅延する可能性等があります。

（「三井住友・DCつみたてNISA・全海外株インデックスファンド」の「投資信託説明書」）

ようするに、**「投資信託の暴落などを理由に解約したい人が殺到した場合、解約を受け付けてくれないケースがありますよ」**ということ。

積立投資の説明書には、こうした一文は必ず入っています。こう書いてある以上、株価が大暴落して一刻も早く現金化したいと思っても、受け付けてもらえなければ諦《あきら》めるほかありません。

まさか、国が後押ししている「つみたてＮＩＳＡ」で、そんなことは起きないだろうと思うかもしれません。しかも、「『つみたてＮＩＳＡ』はいつでも解約できるのがウリだ」と堂々と宣伝しているのに。

けれど、国は個人の財産形成が促進されるように、「信託期間が無期限または20年以上」「信託報酬が一定水準以下」「分配頻度《ひんど》が毎月でない」など、一定の要件を満たしていれば、「つみたてＮＩＳＡ」の対象となる許可を出しているだけです。

選ぶのは皆さんの自己責任なのです。

お金の不安が消えるメッセージ

万が一の時に、国はあなたのお金を守ってくれません

どうして「つみたてNISA」では儲からないのか？

はっきり言って、積立投資は儲かりません。

実際に、「つみたてNISA」でみんなが儲かっているのかと言えば、そうでもなさそうです。

個人のブログなどでも、「2020年からつみたてNISAをやって、2022年には約7万8000円のマイナスになった」などという記事を見かけます。

2022年は、国が投資を呼び掛けたこともあり、「つみたてNISA」の新規口座が127万口座以上になりました。

ただ、この時期に「つみたてNISA」を始めた人の多くは、2023年時点では、損をしているか、プラスになっていてもごくわずかという人が多いようです。

また、２０２４年1月から始まった「新ＮＩＳＡ」でも、同年8月の株価の乱高下でかなりの損が出た人は少なくありません。**「ＮＩＳＡ」のメリットである「非課税」も、儲かっていなければ、絵に描いた餅《もち》です。**

では、なぜ、「つみたてＮＩＳＡ」では儲からないのでしょうか。

☑ラクして「賢い投資」はできない理由

投資で儲けるには2つの方法があります。

ひとつは「インカムゲイン」つまり、配当金などで儲ける方法。これについては、小額をコツコツ積み立てる「つみたてＮＩＳＡ」ではほとんど期待できません。

もうひとつは、「キャピタルゲイン」つまり、値上がり益で儲けるケースです。

キャピタルゲインを狙《ねら》うなら、投資商品が安い時に買って、値上がりしたら売るのがセオリーです。

ところが、**「つみたてＮＩＳＡ」のほとんどは、毎月決まった日に、決まった額で買えるだけのものを買うという仕組みになっています。**

値上がりしたら買わない、値下がりしたら買うというルールで投資信託を買えば、より多くの投資信託を買えるのに、そういう「賢い」買い方ができないのは、金融機関にとって手間ばかりかかるから。**毎月同じ日に自動的に買わないと、コストがかかって仕方がないのです。**

じつは、「つみたてＮＩＳＡ」は、手数料が安いので、金融機関にとっては積極的に売りたくない商品でもあります。

それでも「つみたてＮＩＳＡ」を餌《えさ》にして、貯蓄志向の強い客を取り込んでおきたいという思惑《おもわく》があるからせっせと売っているのでしょう。

そのため、「ドルコスト平均法」などという、いかにももっともらしい名前で、「毎月、同じ日に一定額を買い続ければ、取得価格が標準化されるので初めての人でも買いやすくなります」と説明しながら売っています。

ここまで述べたように、投資信託の場合、キャピタルゲインを狙わないと、投資する価値がありません。取得価格が標準化するということは、値上がりもせず値下がりもしないものに投資するのも同然。

しかも、**「つみたてNISA」は売り買いや維持管理に多少なりとも手数料がかかりますが、貯金なら手数料がかからないどころか、確実に利息がついてくる。**

「つみたてNISA」と貯金、どちらがお得か、一目瞭然《いちもくりようぜん》でしょう。

お金の不安が消えるメッセージ

金融機関はつみたてNISAであなたを儲けさせようとは思っていません

公務員以外は、「ｉＤｅＣｏ」に入らないほうがいい

それでもまだ、「つみたてＮＩＳＡ」は、いつでも解約してお金を引き出すことができます。

それができない最悪な金融商品があります。公的年金の給付が先細りするなか、政府が強力にプッシュしているｉＤｅＣｏです。

国民年金や厚生年金などの公的年金に上乗せされる個人年金で、加入者が商品を選び、掛け金を出して運用していくというものです。

掛け金全額が所得控除されるので、節税効果があるというのがウリ文句です。

掛け金の上限額は、自営業者だと月額６万８０００円、公務員、会社員は会社に企業年金があるかないかなどで変わってきますが、専業主婦も２万３０００円まで

掛けることができます。

結論から言えば、**iDeCoに加入してもいいのは、定年退職まで勤め上げられて、しかも年収が高い公務員くらいです。**

なぜなら、公務員ならクビになる心配がないので、預けたお金を60歳になるまで引き出すような事態は起きないだろうし、給料も高いので節税効果も期待できます。

一方、自営業者の場合、いまは儲かっていても、長い人生の間には、お金がなくて困ることも出てくるでしょう。

たとえば、それまで商売が順風満帆《じゅんぷうまんぱん》だったけれど、55歳の時に詐欺《さぎ》に引っかかってしまった。「iDeCoに預けてある500万円が手元にあれば、店を人手に渡さなくてもいいのに」と悔《く》やんでも、60歳まではそのお金を引き出せないのです。

これは、会社員の方も同じです。会社でiDeCoの加入を義務づけられているのでなければ、自ら進んで入る必要はありません。

長い人生において、会社を辞めて自分で起業しようと思ったり、スキルアップしてもっと良い会社に転職しようと考えることもあるでしょう。

その時に、自分が積み立てたお金を使えないのです。

☑ 自営業者は、iDeCoの代わりに「小規模企業共済」を

iDeCoには、「年間81万6000円までの掛け金と運用益は、全額所得控除になる」というメリットがあります。そのために、続けたいという方もいらっしゃるでしょう。

自営業者の方であれば、同じくらいの額が税額控除になる「小規模企業共済」があるので、これを検討してみてはどうでしょう。

小規模企業共済も、iDeCoと同じように掛け金の全額が所得控除になるからです。上限は、月額7万円（年間84万円）です。

iDeCoと小規模企業共済の大きな違いは、「使い勝手の良さ」と「リスクの差」です。

「使い勝手」については、前述したようにiDeCoは60歳にならないと、積み立てたお金を引き出すことができません。

一方、小規模企業共済は、個人事業主の退職金のようなものですから、事業をやめた時に積み立てたお金が返ってきます。ただし65歳以上なら、仕事を続けていても、積み立てたお金を受け取ることができます。

iDeCoと最も違うところは、貸付制度があること。掛け金の7～9割を、50万円から1000万円の範囲内で借り入れができます。

「リスクの差」はどうでしょう。

iDeCoは投資商品で運用するのでリスクがありますが、小規模企業共済はこの10年間平均2％程度で運用され、基本共済金に付加共済金も上乗せされます。

ちなみに、iDeCoは、投資商品のほかに預貯金で積み立てることもできます。ただし加入時のほか、最低でも年に2000円程度の手数料がかかるので、預貯金は銀行などで積み立てたほうがいいでしょう。

将来的なリスクを考えると、iDeCoに加入するのが得策とはいえない

お金の不安が消えるメッセージ

老後を危《あや》うくする高リスクの投資商品

世の中には、投資をして悔やんでいる人が多くいます。

投資で失敗したら、老後は不安しかありません。

ここからは、「安心な老後」のために、近寄ってはいけない金融商品をご紹介しましょう。

☑「豊かな老後」というキャッチフレーズに惹《ひ》かれて次々加入

多くの人が苦しめられている金融商品のひとつが、「変額個人年金保険」です。

変額個人年金保険は、1999年に、「運用次第で、老後資金が増える」という触れ込みで登場し、2002年10月に銀行が保険の窓口販売を始めると急速に広がりました。

2016年には242万件と個人年金保険全体の約12%を占め、瞬《また》く間に20兆円規模の巨大マーケットに。変額個人年金保険のキャッチフレーズ「豊かな老後」に惹かれて加入した人が多かったようです。

変額個人年金保険の仕組みは、加入者から預かったお金を株や債券などで運用して、その運用結果次第で老後の年金額が変わるというもの。ここに保険としての保障が付き、加入中に死亡すると一定額の死亡保険金が出ます。

つまり、**「投資信託＋保険」のような商品です。**

ただし、取扱手数料が高く、加入した時点で「契約初期費用」として1・7〜6%を支払います。さらに、「保険」の機能に対して保険関係費用として年0・2〜3・2%程度と、「投資信託」の機能に対して運用関係費用として0・04〜2%程度、「年金」の機能に対して年金管理費用として年金金額の1%程度の手数料がかかります。

この時点で、「豊かな老後」が担保《たんぽ》されるのか疑問符が付きます。

☑ 加入者よりも先に、保険が売り止めになることも

変額個人年金保険はかつて、投資に失敗して「売り止め」（販売停止）という状況に追い込まれたことがあります。


2009年に、日本の変額個人年金保険の元祖ともいえるハートフォード生命保険が、新規契約受付を終了したのを皮切りに、アリアンツ生命保険、三井住友海上メットライフ生命保険、三井生命保険、クレディ・アグリコル生命保険、アイエヌジー生命保険、住友生命保険などが扱っていた商品が次々と売り止めになりました（現在は吸収合併などにより、社名変更になっているところも多数あります）。

販売停止になれば、新しい資金が入ってこないため、運用が難しくなります。

じつはその時点で、多くの保険会社が変額個人年金保険の販売をやめて、運用先

を必ず利息が入る国債などの債権に切り替えてしまいました。

そんなお粗末な商品を販売しているくらいですから、アメリカでは、保険会社そのものが潰れて、加入者は泣き寝入りというケースも出ています。

ハートフォード生命保険の親会社であるアメリカのハートフォードは、運用成績の悪化で身動きが取れなくなり、米国財務省から資本注入を受けています。

日本のハートフォード生命保険も、2014年7月に日本法人の全株式をオリックス生命保険に売り渡し、翌年、吸収合併されました。

年金とは本来、皆さんの老後を支えるためにあるはずのものです。

しかしながら、老後を支えてもらう前に、加入している保険会社が吸収合併されるリスクがあるということを、肝《きも》に銘《めい》じておいたほうがいいでしょう。

「豊かな老後」を保険会社任せにしてはダメ！

お金の不安が消えるメッセージ

「マンション投資」は、老後不安の種になる

私が30年以上前から「やってはいけない」と訴え続けてきたのが「マンション投資」です。

しかもここにきて、「シェアハウスサブリース」という、マンション投資と同じような仕組みの投資が問題視されています。

マンション投資の仕組みは次のとおりです。

銀行から借りたお金で、投資用マンションを購入。それを賃貸物件として人に貸す。

家賃がローンの返済額を上回った分は収入になり、ローンを返済後は、手数料を

差し引いた家賃は全額自分のもの。老後は家賃収入で左団扇《ひだりうちわ》というわけです。

けれど、こんなうまい話があるはずありません。

現実的には、こんなことがよく起こります。

池袋《いけぶくろ》駅から徒歩11分、5階建て15戸のマンションで築29年。外壁や階段などの共用部分もきれいに吹き付け塗装がされていて、一見するとそれほど古いマンションには見えません。

部屋もフルリノベーションされていて、むしろ新しく感じる。4畳半のダイニングキッチンと6畳のリビングは清潔なフローリングが張られ、トイレは温水便座で、風呂はシステムバス。南にベランダもあって光も射し、1人なら快適に暮らせそうな気がします。

築年数は古いですが、家賃は7万円と格安なので、入居者からクレームが入ることもなさそう。

たとえば、こんなマンションが1室1000万円で売りに出ていたとします。

不動産業者は、こう言うでしょう。

「家賃7万円なら、12年で1008万円の家賃が入り、それ以降は儲けになります。老後は、毎月7万円の家賃が、年金代わりになりますよ」

こう聞くと、老後のために1つくらいは持っておいてもいいような気がしてきます。退職金を思い切って投資する人もいるかもしれません。

じつは、ここにはとんでもない落とし穴が潜《ひそ》んでいるのです。

✔ 儲かるどころか、最後は1000万円の持ち出しに！

たしかに、1000万円の物件で月7万円の家賃収入が入るならお得と思うかもしれません。でも、ちょっと待ってください。

不動産の購入時にかかる諸経費、手数料を忘れていませんか？

不動産業者の仲介手数料から登記費用まで、1000万円の物件だと60万円ほどかかります。退職金があったとしても、1060万円を現金一括《いっかつ》で買える人は少ないので、多くの方がローンを組むでしょう（ただし、「完済時年齢80歳未満」の条件があります）。

投資用物件なので金利は少し高くて20年、金利3％でローンを組むと、月々の返済額は約5万5500円で、ローンの総返済額は約1331万円。

さらに、マンションを買うと、管理費、修繕積立金、固定資産税がのっかってきます。トータルで月4万円かかるとすれば、7万円の家賃をもらっても、月に約2万5500円の持ち出し。これが20年間で約612万円にもなります。

さらに、マンションのクーラーが壊れたり、風呂やトイレが壊れたりする修繕費用は、基本的には大家持ち。トイレや風呂などの水回りは、故障すると50万円くらいかかり、そのほかにも機器や内装も取り替えるとなると、20年間で250万円くらい見積もる必要があり、合わせて862万円の持ち出しに。

空き部屋になって、募集しても人が入居しない期間があれば、その分持ち出し費用はプラスされます。

挙句《あげく》の果てに、20年経《た》ってやっと住宅ローンを返済し終えたと思ったら、築29年のマンションは、すでに築49年でボロボロな状況。

この時点で売りに出しても、買い手がつかないでしょう。

最終的に多額の持ち出しを抱《かか》えたまま、マンションと一緒に朽《く》ちていくしかないかもしれません。

よくよく計算してみると、ババをつかまされたとしか言いようがない。先々まで見据《みす》えれば、マンション投資なんてしないほうがいいのです。退職金をつぎ込むなんてもってのほかです。

お金の不安が消えるメッセージ

個人のマンション投資に「お買い得」はまずない

「AI詐欺」がますます横行《おうこう》する

SNSで投資に誘う「なりすましメール」が氾濫《はんらん》しています。

じつは私もその被害者のひとり。ある日、友人から驚くような知らせがありました。

「荻原さんがフェイスブックで、投資を勧めているよ!」と言うのです。

びっくりして送られてきた画像を見ると、某雑誌の取材で愛犬と一緒に載せてもらった写真が無断で使用されていて、そこには投資を勧める勧誘文句が書かれていました。

私はフェイスブックもX(旧ツイッター)もLINEもやっていません。個人情報が漏《も》れるリスクがあるからです。

しかも、投資も勧めません。そもそも、『投資なんか、おやめなさい』（新潮新書）という本まで出しているくらいで、本書でも、その主張は変わりません。

いったい誰のいたずらなのか、ふつふつと怒りがこみあげてきました。

300人以上の「荻原博子」が投資を勧めている！

私はすぐさま警察に通報し、親しい弁護士に相談すると、いま、SNS上ではフィッシング詐欺が横行していて、多くの有名人が無断で写真を使われ、投資などの勧誘に利用されているとのことでした。

なんと、フェイスブックには、300人以上の「荻原博子」が投資を勧めていました。削除しきれず打つ手なし！

私が投資など勧めないということを知っている人なら、すぐに詐欺だとわかるのでしょうが、話はそれで終わらないのです。

うっかりメールを開くと、言葉巧《たく》みに個人情報を引き出されるだけでなく、指定の口座に現金を振り込むように仕向けられたり、お金を払った途端にそのまま連絡が途絶えてしまうそうです。

SNS上のこうした詐欺は、無差別に大量送信され、しかも転々とアドレスを変えるので捜査の手もなかなか犯人まで届かないとのこと。しかも、発信元が日本でないものも多数あるので、対応が後手後手に回ってしまい、摘発《てきはつ》が難しいのだそうです。

これからは写真や文章を使った勧誘にとどまらず、**ネット上の写真や動画などから作成された本人そっくりのAIによる「なりすまし詐欺」が増えるでしょう。**

そうなると、本物と偽物《にせもの》の見分けも難しくなってきます。

さらに、人気の「ふるさと納税」でも、自治体が募集しているサイトそっくりの偽サイトが開設されていて、そこに住所や氏名、クレジット番号や暗証番号を書き込ませたり、現金を振り込ませたりするケースもあります。

こうしたサイトで寄付しても、寄付したお金が戻らないだけでなく寄附金控除《こうじょ》も使えず、お礼の品も送られてこないという悲惨《ひさん》な事態に。

「ふるさと納税」を申し込むなら、信頼できるサイトからにしましょう。

☑「減税」「給付金」「還付金《かんぷきん》」などの言葉に騙《だま》されない

マイナポイントでも、一時期詐欺が多発していました。

政府のマイナポイントのサイトそっくりのダミーサイトに誘導し、「2回目のマイナポイントを付与します」と唆《そそのか》して、個人情報やクレジットカードの番号、暗証番号などを入力させる悪質な詐欺です。

「フィッシング詐欺」も、相変わらず多発しています。有名ショッピングサイトやカード会社、銀行、宅配業者などになりすました詐欺メールは、挙げはじめたらきりがないくらいです。

しかも、**「緊急」「重要」「セキュリティーが危ない」などと煽《あお》る文言が多い。**

こうしたメールは、開かないのがいちばん。気になるなら、改めて公式サイトから入って調べる慎重さが必要です。

「あなたの個人情報が漏洩《ろうえい》しているので、悪用を防ぐために必ず手続きを行なってください」などというメールも、最近は多いです。うっかりログインすると、個人情報の削除費用や電子マネーの購入を指示されます。

怪しいメールは、携帯電話会社やプロバイダーの迷惑メールサービスを使って受信しないというのもひとつの方法。

もし、うっかり個人情報を入力してしまったら、すぐに消費者ホットライン（電話番号188）に相談しましょう。

政府が「所得税減税」を打ち出していることもあって、「減税」や「給付金」「還付金」などをキーワードにした詐欺も増えています。

しかも、いまはみんな、懐《ふところ》が寂しくなっていて、少しのお金でも惜しい。こうした気持ちに、詐欺はつけ込んできます。

ネットやメールで、個人情報の入力を求められたり、お金を振り込めと言われたら、まず「これは詐欺ではないか」と疑うことが肝要《かんよう》。

とても残念なことですが、すでに日本は「人を見たら泥棒と思え」という国になっているのです。

お金の不安が消えるメッセージ

何度でも、言います。
私は投資を勧めることなどありえません！

要注意！　投資で失敗する人の特徴はこれだ

何度もお伝えしているように、現在の日本は、国をあげて「投資しなくてはバカ」と言わんばかりの空気になっています。

「投資」をしないと損だ、と政府にも金融機関にも脅《おど》されるので、「やっぱり自分も投資をしなければ」と思い込み、なけなしの退職金を手に銀行の窓口で、「何を買えばいいですか」と尋ねてしまう。

金融機関にとっては、まさに鴨《かも》がネギを背負って鍋《なべ》に飛び込んできてくれるような、ありがたい客が増えています。

しかも、必ず「このままでは、老後が危ない。金利がつかないのですから、投資商品に大きく利息を稼いでもらいましょう」と言葉巧みに、まことしやかな説明をして、手数料が高い金融商品を買わせたら、あとは野となれ山となれ。

投資をするからには、儲かるのと同じくらい損をするリスクがあるのですが、金融機関はリスクよりも儲けを求める客のニーズを敏感に嗅《か》ぎ取ります。**客のニーズにピッタリ寄り添い、リスクの説明はひととおりはするものの、あえて深掘りしないのです。**

なかには、「損をしてしまった」と文句を言いにくる客もいますが、「いまは、こちらのほうが値上がりする確率は高いです。こちらで損を取り戻しましょう」などと手数料が高い別の商品を勧められ、ころりと騙されてしまうのです。

すでに年金をもらっている高齢者は、なんとか年金の範囲内で生活し、退職金でいざという時に備えれば、わざわざ危険を冒《おか》して、投資に乗り出す必要はないでしょう。

☑ プロとアマの大きな違いは、「損切り」できるか

皆さんは、投資におけるプロと素人のいちばんの違いは、何だと思いますか？

私の答えは、**損をした時に、その損を引きずらないように「損切り」できるかどうか**です。

たとえば、投資信託を扱うプロは、3カ月ごとの運用実績が良ければ報奨金《ほうしょうきん》が出ますが、悪ければ最悪クビになってしまいます。

ですから、とにかく損をしないように運用するものです。損が出そうだと思ったら、深追いせずに早めに売って傷を浅くして次に行く。これをできるのが投資のプロなのです。

一方、素人だと損切りが難しい。

なぜかと言えば、プロが運用するのは他人のお金で、素人が運用するのは自分のお金だから。素人は、自分が汗水垂《た》らして稼いだ自分のお金で買った投資商品なので、そう簡単には売れない。

投資商品の下落局面では、売れないまま最も大きな損を抱えやすいのが素人の特徴なのです。

☑「投資の沼」で溺《おぼ》れても、誰も助けてはくれない

「損をしない投資」など、存在しません。

それなのに、多くの人が、頭では「損をする可能性もある」とわかっていながら、「増える」という甘い言葉に心が揺れ動き投資を始めます。

しかも、「投資をしないと明るい老後がやってこない」と金融機関だけでなく国までが言うのですから、それが正しいと信じ込んでしまう。

そういう言葉を安易に信じてしまう人は、最初から投資などしないほうがいい。

投資の世界は海千山千《うみせんやません》、有象無象《うぞうむぞう》が寄り集まって「ばくち」をしている、生き馬の目を抜くような世界だからです。

もし、そういう世界に足を踏み入れようというなら、そこで負けないだけの知識と、いざという時の切り上げ方を考えておきましょう。

たとえば、「投資は余剰資金で」「投資金の１００万円が半分になったらやめる」などと自分なりの基準をつくり、けっしてのめり込まないことです。

金融機関も国も、あなたに投資を進めますが、あなたが「投資の沼」で溺れそうになっても助けてはくれません。

お金の不安が消えるメッセージ

「損をしたくない」と思う人は、投資を始めてはダメ！

それでも投資をしてみたい人に言いたいこと

かくいう私も、じつは投資で数多く痛い目に遭《あ》ってきました。

その話は別の機会にするとして、だからこそ「投資」の裏側が見えるようになったのは確かです。

ただ、皆さんには、そんな経験をしていただきたくはありません。何が起きるのか、予想できないのが投資の世界。そんなところに足を踏み入れなければ、幸せな人生が送れるかもしれないのですから。

そこまで言っても、「これだけ国をあげて大騒ぎしているのだから、試しに少しだけやってみたい」という方もおられるでしょう。

そういう方は、**自分がよく知る身近な会社の株式を、1つ買ってみるといいでしょう。**

なぜ「投資信託」でなく「株式」なのかと言えば、投資信託は先述したとおり、どういう商品が組み込まれていてどんな運用をしているかということが、素人にはわからない。お金だけ出して、口出しできない金融商品だからです。

それに対して株式は、自分の意思で、あれこれ考えながら売買できます。

昔は、証券会社に電話をして、証券会社の社員が勧める株式を買ったものですが、いまは個人でもネットで買えます。自分で決めて、自分で買えるので、その株式が上がろうと下がろうと、完全な自己責任になります。

☑株価が下がった時に寝込む人は、一生投資するな

自分の性格は、自分でもよくわからないものです。

ただ、**自分が投資に「向いている」のか「向いていない」のかは、株式を1つ買ってみればわかります。**

株価は、上がる時もあるが、下がる時もある。

たとえば、100万円分の株式を買って150万円になったら、ものすごく嬉しいでしょう。一方で、100万円分の株式が50万円になってしまうことも十分ありえます。

その時に「ああ、50万円も損をしてしまった」と、頭を抱えて寝込んでしまうような人は、投資には向いていません。一生、投資などしないほうが、幸せな人生を送れます。

投資のことなど忘れて、趣味の鉄道写真を撮ったり、孫と近所の公園で楽しく遊

んだりしているほうが、よっぽど幸福で長生きできることでしょう。

ただ、100万円の株が50万円になった時に、「おおっ、ずいぶん安くなったな。これなら、100万円で2倍買えるぞ」と、すかさず資金を投入するような人は、もしかしたら投資に向いているかもしれません。

投資はギャンブル、ある意味「ばくち」ですから、大胆《だいたん》なことや損をすることが嫌いな人よりも、前向きに突き進む人のほうが「勝負の女神」に気に入られるという考え方もできます。

☑ なけなしのお金は、つぎ込んではいけない

今年、定年退職を迎えるという人のもとには、銀行から投資に誘う電話がかかってくることでしょう。

給与振込先の銀行は、あなたの勤め先や現在の給与、預金額などを把握していま

す。「〇月に定年退職で、何千万円かの退職金が入りそうだ」という情報が筒抜《つつぬ》けだからです。

「荻原さまの投資担当です」と、頼んでもいないのに勝手に担当者と名乗る銀行員から電話がかかってきて、「つきましては、私が荻原さまの投資のお手伝いをします」と、これも頼んでもいないのに、自宅訪問の約束を取り付ける。

そして「ご挨拶《あいさつ》に参《まい》りました」と名刺を置いていく。後日、退職金が口座に振り込まれたのを見計らって、「せっかくの退職金なので、増やすことを一緒に考えませんか」と、投資のお誘い。

ここまでくると、なんだか無視できない気がして、銀行に行くと、必ずこんなことを言われます。

「こんな低金利で、お金を口座に入れたままにしておくのはもったいない。少し増やすことを考えてみましょう。全部ではなく、ほんの少しでいいので、投資に回してみませんか。人生100年時代なので、まだ40年もあります。そうなると、お金が少しでも増えれば、より豊かな老後を過ごせるかもしれませんよ」

こう言われると、誰もが少しでいいからお金を増やしたいという思いはありますから、とりあえず話を聞いてみようとする。

そうなれば、担当者の思うつぼ。あの手この手のセールストークが炸裂《さくれつ》します。

そこで、言われるままにお金を投資に回してはいけません。

まず、**銀行に行く前に、自分の老後にいくらお金が必要なのかをざっくり計算しておき、その分は投資に回してはいけません。**

たとえば、貯金と退職金で3500万円が手元にあったとして、老後には3000万円と年金があればなんとかやっていけるとしたら、500万円が投資に回せるお金です。

投資は、たとえ目減りしても諦められる範囲のお金ですべきです。そして、何が起きてもオタオタしないこと。

「投資額は500万円」と決めたら、その枠内で儲けたり損をしたりする。それがゼロになってしまったら、そこで投資はきっぱりやめましょう。

ちなみに、退職金は老後の生活の命綱、増やすことよりも、目減りさせないことを優先して考えてください。

お金の不安が消えるメッセージ

ここまで読んできて不安になった方は、やっぱり投資はやめたほうがいいかも

第4章

老後の「足るを知れ」！出費の計画を立てれば、不安は消える

家計の現状を見直そう

ここまで、投資では「豊かな老後」を得られない可能性があるとお伝えしてきました。ここからは、どうすれば、「不安のない老後」を送ることができるかについて書いていきたいと思います。

そのために必要なのは、「家計を見直す」という地道な作業です。

第1章で述べたように、まずは売れる資産がどれだけあるかを把握しておけば、安心感がまるで違います。

次に、基本的なところからチェックしていきましょう。

高齢の方のなかには、「家計管理」は主婦の仕事と思っている方がいます。給料が振り込まれる通帳を妻に渡し、あとは任せてしまうという夫が意外と多いのです。

夫に充分な収入があって、妻子もそれで何不自由なく生活できているというなら問題はありませんが、ほとんどのご家庭では、妻もパートなどで働かざるをえなくなっています。

パートナーがいる方は、お互いの収入と支出を把握するという意味でも、家計管理について夫婦でしっかり話し合っておくべきでしょう。

実際、夫婦で家計を管理するメリットは大きいです。

まず最大のメリットは、家計の現状についての認識を共有することで、将来的な明るいビジョンも描けます。

また、老後を穏《おだ》やかに生きていく上で、夫婦の会話が増えるのは望ましいことです。

いまの若い夫婦は、なんでも2人で話し合いながら一緒に子育てや家計管理をしています。

ところが、高齢者世帯では、「夫は外で稼ぎ、妻は子どもや親の世話に加えて家事一切の切り盛りをする」という家庭内分業のまま定年退職を迎えた人が多く、いまさら、どうやってパートナーとコミュニケーションをとっていけばいいのかわからないというご家庭も多いようです。

「両親が他界し、子どもが独立してしまえば話すこともない」

そういうご夫婦こそ、ぜひ、自分たちの「家計の見直し」について会話を重ねることで、老後の生活に明るい道筋をつけてください。

「家計について話さない？」とパートナーに声をかけてみよう

お金の不安が消えるメッセージ

まずは「資産の棚卸《たなおろ》し」で現状を把握！

前項でも述べたように、老後を不安なく、明るく暮らすためのポイントは2つあります。

ひとつは、いま家計がどういう状況になっているのかという現状を、2人で共有すること。もうひとつは、その共通認識のもとで、家計の状況をどう改善していけばベストなのかを話し合うことです。

そこでまずやっていただきたいのが、**家計の現状を把握するための「資産の棚卸し」です。**

現在、家計がどんな状況かを漠然《ばくぜん》とはわかっているつもりでも、数字までは把握していないという人が多いです。具体的なデータを出してみて、家計の状況を目《ま》の当たりにすれば、「え、わが家ってこんな状況だったの」と驚かれる方も多いはず。

とくに、「なんとかなるさ」と楽観的に考えていた人にとっては、どうにもならない現実を突き付けられ、不安になるかもしれません。

それでも改善点を見つけられれば、「明るい老後」に向けて対策ができます。

商売をしている人は、「商品の棚卸し」と言って定期的に、いまある商品の在庫を数えて在庫状況を把握することで、この先の販売計画や利益予想などが立てやすくなります。

同様に家庭でも、自分が持っている在庫（資産）がどういう状況にあるかを把握できれば、家計管理も将来設計もスムーズにできます。

これが、「資産の棚卸し」をお勧めする理由です。

☑「資産」を1枚の紙に書き出してみる

「資産」と聞いて、「わが家はそんなに裕福ではないから、資産なんてないよ」と言う方がいます。

ここで言う資産には、手元にある財産（プラスの資産）だけではなく、これから返していかなくてはならない借金などのマイナスの資産も含まれます。これらを正確に把握することによって、いまの家計の状況が正確にわかるのです。

プラスの資産の例としては、貯金や投資信託、株式、保険など。マイナスの資産は、住宅ローン、自動車ローン、教育ローンなどが該当《がいとう》します。

基本的には、**プラスの資産からマイナスの資産を差し引いた額が、家計の豊かさを示すバロメーターになります。**

資産を書き出す場合には、必ず1枚の紙に書き出すようにしてください。

プラスの資産とマイナスの資産を1枚の紙に書き出せば、どんな資産がどれだけ

不動産	場所	種類	面積	評価額
				円
				円
				円
				円
				円
				円
	不動産小計❸			円

車や宝石など	種類	名義人	数量	時価
				円
				円
				円
				円
				円
				円
	車や宝石など小計❹			円

負債	金融機関	種類	金利	残債
				円
				円
				円
				円
	負債小計❺			円

表第4-1　「資産の棚卸し」の例

貯金や投資信託・株式など	金融機関	貯金等の種類	名義人	金額
				円
				円
				円
				円
				円
				円
				円
				円
				円
	貯蓄小計Ⓐ			円

保険	保険会社	保険の種類	被保険者	解約返戻金
				円
				円
				円
				円
				円
				円
				円
	保険小計Ⓑ			円

年　　　月　　　日現在

合計	Ⓐ+Ⓑ+Ⓒ+Ⓓ−Ⓔ　　円	＝	いまある資産

あるかがひと目でわかります。

それだけでなく、「マイナスの資産が多いから、プラスの資産のどれかを取り崩して埋めようか」といった対策を考えられるという利点もあります。

170～171ページの表を参考にしながら、資産をすべて書き出したら、その紙を夫婦で眺めてみてください。

「70歳まで、住宅ローンの返済が続くのはきついなぁ」「わが家は、現金が少ないのに、やたら株が多いね」など、気づいたことを話し合いましょう。

さらに、こうした会話から、「じゃあ、どうすればいいか」という改善策を見つけ出すのがゴールです。


「資産の棚卸し」は、家計の方針を決めるためのデータ整理の作業なので、頻繁《ひんぱん》に行なう必要はありません。一度作成したら、子どもの独立や定年などライフスタイルが変わる節目に、2人で再点検するといいでしょう。

☑ 6つの課題&対策を話し合う

「資産の棚卸し」の際は、ただ漫然と家計の状況を把握するだけでは意味がありません。そこで皆さんにやっていただきたいのは、次の6つの課題をチェックしながら対策を考えることです。ここでのポイントは、「明るい老後」のために、充分な備えができているのかという視点です。

チェックするべき6つの課題

❶イザという時に備えて、現金が確保できているか
❷車の買い替えや病気の治療などのために必要なお金は用意できているか
❸加入している保険は、いまある「資産」では足りない金額に絞《しぼ》っているか
❹住宅ローンを定年退職までに払い終えることができるか
❺金利の高いローンを抱《かか》えていないか

❻老後資金が足りなくなった場合の代替策はあるか

「課題は浮き彫りになったけど、肝心《かんじん》の解決策が思い浮かばない！」
そういう方のために、次項で解決のヒントを授《さず》けますが、おひとりおひとり現状や解決策は異なります。解決するのは皆さん自身です。

お金の不安が消えるメッセージ

「まったく、老後資金が足りない！」とわかっても大丈夫。ここからがスタートです

家計を脅《おびや》かす6つの課題を解決するヒント

対策❶ 不測の事態に備え、年収の1年分の現金を確保する

収入があるのは夫だけというご家庭の場合、万が一の事態に陥《おちい》った時、生活に困ってしまいます。

病気なら、傷病手当金や生命保険などを活用してなんとかなるかもしれませんが、リストラされたとか、会社が倒産してしまったというような場合には、生命保険は役に立ちません。

そういった経済状況下では、株価も下落している可能性が高く、投資商品も頼り

にならないでしょう。

そう考えると、**ある程度の現金は絶対に必要です。働いている人なら、年収1年分くらいの現金（貯金）があることが望ましいです。**

それだけあれば、会社が倒産したり、リストラで収入が途絶えてしまっても、失業保険（賃金や勤続年数などで金額や給付日数は変わります）と合わせて、2年くらいは家族が路頭《ろとう》に迷う事態は避けられるでしょう。その間に、再就職先をじっくり探すことができます。

年収1年分の現金（貯金）がなく、意に沿わないところに就職しなくてはならなくなると、今度は夫の精神面が心配になります。急場しのぎの現金をなんとか確保しておきましょう。

対策❷ 使う予定のあるお金は、現金で用意しておく

金融商品はたくさん保有しているのに、現金が少ないというご家庭もあります。

すでに年金暮らしで、近々多額の現金が必要な機会はあまりないというならそれでもいいですが、車の買い替えや病気の治療などを控えていて、まとまったお金が必要になるとわかっているなら、そのお金は現金で用意しておいたほうがいいでしょう。

株式や投資信託は価格が変動するので、いざ現金化しようとしたタイミングで運悪く価格が下がっていたり、外貨建ての金融商品が円安になってしまったりすると、目も当てられません。

不要な借金を増やさないためにも、使う予定のあるお金をしっかり現金で確保できているか確認しましょう。

対策❸　資産が不足する分の保険加入を考える

保険とは、イザという時に備えて加入するものです。不安だからとやたらオプシヨンをつけ、高い保険料を払っているようでは、貯金ができません。

「資産の棚卸し」で、マイナスの資産よりもプラスの資産のほうが多い人は、それほど多額の保険に加入しなくても、イザという時に十分対応できるはずです。

たとえば生命保険の場合、どんなに高額な保険に入っていても、病気や怪我《けが》で入院（一部通院も対象）しないと保険金や給付金は支払われません。

さらに、**民間の保険に加入する前に、公的保険についていろいろと知っておくと安心です。**詳しく知りたい方は、拙著『保険ぎらい』（ＰＨＰ新書）をご一読ください。それほど多額な保険に加入する必要がないことがわかっていただけるでしょう。

会社員の場合なら、夫が死亡しても、子どもや妻に対して遺族年金などが出るケースが多く、それでなんとか食べていけます。

入院についても、高額療養費制度を利用して限度額適用認定証を取得すれば、病院の窓口で支払うのは自己負担限度額だけで済みます。また、病気で会社を休んでいる間は、先ほど述べた傷病手当金として給料の3分の2が1年半支給されます。

だとしたら、それほど多額の保険は必要ではなくなるので、「資産の棚卸し」の際に、ほんとうに必要な保険なのかどうか、検討するといいでしょう。

対策④ 住宅ローンは、早めに返済する

資産を書き出すために調べてみたら、意外と住宅ローンが残っていたというご家庭もあります。

住宅ローンについては、何歳で完済できるかも記しておきましょう。

もし、50歳の時に20年返済でローンを借りていたとしたら、返済し終わるのは70歳。65歳から年金生活に入ると想定すれば、乏しい年金収入から5年間も住宅ローンを返済し続けるのは、かなり大変です。

銀行などからは、「65歳でリタイアなさった時に、退職金から残っているローンを完済してしまえば、住宅ローンのない年金生活を送れます」などと言われるのではないでしょうか。

ただし、退職金は、老後の大切な蓄えになる資産。住宅ローンで目減りさせてしまうと、その分老後資金が不足してしまう可能性があります。

だとしたら、**住宅ローンを65歳までに完済するよう、あらかじめ「繰上返済」をしたほうがいいでしょう。**

ちなみに、2023年4~9月に住宅ローンを借りた人の74・5%は変動金利で借りています。変動金利の場合、低金利で借りたローンが高金利になってしまえば、返済期間がさらに延びてしまうというリスクもあります。

対策❺ 借金は、金利が高い順に返していく

会社員なら、簡単にお金を借りられます。ただ、借りたお金は、返さなくてはなりません。

こうした借金にも、返済すべき順番があります。

仮に、キャッシング、教育ローン、住宅ローンという3つの借金があったとした

ら、最初に返済すべきなのは、キャッシングです。手軽なのでつい借りてしまうケースは多いですが、知らないうちに多額の金利を払わされている可能性があります。

続いて、金利が高い教育ローンです。金利が低い住宅ローンは、最後になります。貯金を崩したくないという人もおられるようですが、貯金と借金を比べたら、圧倒的に借金の金利のほうが高いので、返せるものは早めに返してしまいましょう。

対策❻ 妻のパート収入は、家計改善の鍵《かぎ》になる

「資産の棚卸し」を夫婦でやってみると、前述したようなことが見えてきます。住宅ローンを繰上返済したり、イザという時のために貯金の額を増やしたり、なにかとお金が必要になってくるでしょう。

けれど、夫の給料だけで生活しているご家庭では、とてもそんな余裕はないというケースが多いはず。

そういったご家庭でも、「資産の棚卸し」表を見て将来について話し合ううちに、どうしても「繰上返済」が必要となれば、妻が「それじゃあ、私がパートで働いたお金から毎年50万円ずつ繰上返済して、ローンは65歳までには完済しましょう」と言ってくれるかもしれません。

妻がそう言ってくれたら、夫も「俺もいろいろと手伝うから頑張ろうね」となるのではないでしょうか。

そうなると、**今まで漠然としていたお互いの老後に向けた家計改善策が、具体的になります。**

そうやって、目標が明確になれば、それぞれが自分の役割を果たし、助け合える関係ができます。そうすれば、「豊かな老後」は9割方手に入ったようなものです。

お金の不安が消えるメッセージ

お金の不安は1人で解決しようと思わないこと

老後のお金が自然に貯まる「仕組み」

皆さんは、「お金を貯める」のは大変なことだと思っていませんか？

でも、これからお伝えするような方法でお金を貯めていけば「お金が自然と貯まる仕組み」ができます。

仕組みを一度つくってしまえば、あとは寝ていてもお金は貯まっていきます。

ポイントは、「貯めていることを忘れる」こと。つまり、忘れていても、いつのまにかお金が貯まっているというのが、理想的な貯め方なのです。

もう我慢をしなくても、悩まなくても大丈夫！

会社員と自営業者のケースを、それぞれ見ていきましょう。

会社員のケース❶

社内預金、財形貯蓄をフル活用する

まず、会社に社内預金や財形貯蓄があるなら、これを目一杯利用しましょう。

社内預金の下限利率は、0・5％と決まっています（労働基準法第18条第4項の規定に基づき使用者が労働者の預金を受け入れる場合の利率を定める省令）。なので、銀行の普通金利0・1％（2024年11月現在）の5倍以上の金利です。

財形貯蓄を利用する手もあります。

財形貯蓄には、一般財形、財形住宅、財形年金の3つがあります。利息が非課税となる限度額などが異なるため、目的に応じて選んでください。いまは低金利なので、どれで積み立てても、それほど大きな差は出ないでしょう。

ただ、社内預金と財形貯蓄は、どちらも給料から天引きされるので、気がついたらしっかり貯金ができています。

給与振込口座で積み立てる

会社員のケース❷

会社に社内預金も財形貯蓄もないという人は、給料が振り込まれる銀行で自動積立をしましょう。給料が振り込まれた翌日に積立預金が引き落とされるようにセットしておけば、自動的に積立されていきます。

やってはいけないのは、金利が有利な金融機関で積立をしようとすること。積立は、給与振込口座となっている銀行で行なうようにしないと、毎月お金を給与振込口座のある銀行から積立口座のある銀行に移さなくてはなりません。

毎月、給料が振り込まれる銀行の口座からわざわざお金を引き出して、金利の良い銀行の口座に移し替えるようにすると、最初はマメに移しかえていても、忙しくて忘れがちになり、そこで頓挫《とんざ》してしまう可能性が大きい。自動振替にすることもできますが、それでは利息に比べて手数料が高くなってしまうので意味がありません。

月々5万円以内の積立では、金利が0・1%であろうと、0・3%であろうと、利息ほとんどつきません。わざわざ面倒なことはせずに、忘れていても貯まっていく、自動引き落としが無料で使える給与振込口座で貯めましょう。

自営業者のケース❶ 口座を2つ用意する

自営業者の場合、毎月一定の収入があるわけではありません。

会社員のように、社内預金や財形貯蓄もなく、報酬が振り込まれる口座から毎月自動で一定額を引き落とすこともできません。

そこで、**まず仕事の報酬が振り込まれる口座と生活費の口座を分けましょう。**

そして、仕事の報酬が振り込まれる口座から、毎月一定額の生活費を決めて、生活費口座にお金を移すようにしましょう。これは、ネットバンキングを使えば、簡単にできます。

報酬が振り込まれる口座と生活費の口座が一緒になっていると、大金が振り込まれた時にお金を使い込んでしまったり、収入が減るとお金が足りなくなって慌てるケースは多いのです。

自営業者は、収入に波のあるケースが多いので、そうした家計の支出の乱高下を防ぐためにも、会社員と同様に一定の生活費で暮らすことが大切です。

生活費の口座に毎月一定額を移すようにすると、仕事の報酬が振り込まれる口座に、お金が貯まっていきます。

この金額が大きくなったら、まとめて有利な定期預金などに振り替えるといいでしょう。

自営業者のケース❷　ピンチの時に役立つ「小規模企業共済」

儲《もう》かっている自営業者は、積立をすると節税になる金融商品を選ぶといいでしょ

う。

節税と言えばｉＤｅＣｏが真っ先に思い浮かびますが、１３２ページで紹介した「小規模企業共済」のほうが使い勝手がいいのでおすすめです。

ｉＤｅＣｏは原則60歳になるまで積み立てたお金を引き出すことができません。小規模企業共済も、65歳までは、事業をやめないかぎり積み立てたお金を引き出すことができませんが、ｉＤｅＣｏと違って貸付制度があるので、イザという時には、貸付でピンチを脱するという方法があるのは魅力的です。

また、**小規模企業共済は小規模企業共済法に基づく制度で、自営業者の「退職金づくり」を目的としています**（フリーランスで仕事をしている人も対象）。

掛け金は、月１０００円から7万円まで、５００円刻みで自由に選べます。また、積立途中でも掛け金の増減ができ、銀行口座から自動引き落としができます。

事業をやめた時や死亡した場合には、それまで積み立ててきた基本共済金に付加共済金がプラスされて、退職金や死亡退職金代わりに受け取れます。

急に資金が必要になった時には、掛け金の範囲内（積み立てたお金の7～9割）で、10万円～2000万円の範囲でお金を低金利で借りることができます。

お金の不安が消えるメッセージ

お金が貯まる「仕組み」を構築して、ストレスからも解放！

専業主婦や年金受給者におすすめ「ちょっとずつ貯金」

リタイアした人や専業主婦の方は収入がないので、毎月、定期的に貯金をしていくのはなかなか難しいかもしれません。

そういう人は、**余ったお金を「ちょとずつ貯金」していきましょう。**

たとえば、毎日の買い物の平均額が1000円だったとします。

千円札1枚を財布に入れて買い物に出掛けましょう。

なるべく安いものを探してなんとか1日分の食材を買い、その合計が970円だったら、千円札で30円のお釣りを受け取れます。

「ちょっとずつ貯金」を始めるなら、家に帰ったらすぐに大きめのガラス瓶《びん》などにこの30円を入れる。こうして、少しずつ小銭を貯めていくのです。

外で働いている人は、帰ってきたら、財布の中の小銭を瓶の中に入れるのもいいでしょう。掃除をしていて、コインが出てきたら、そのコインをこの瓶に入れる。暑い日にマイ水筒を持ち歩き、ジュースを買ったつもりで、ジュース代を瓶に入れる。

そうやって、日常生活に支障がない小銭を瓶に入れていけば、1日10円でも1年で3650円。1日100円なら、年間3万6500円も貯まります。

この場合、**お金を貯めるのは、ガラス瓶など中が見えるものにしてください**。なぜなら、そこに少しずつお金が貯まっていくのが見えると、励みになるからです。

そのお金は、本来ならば無意識に使ってしまったり見落としていたりして、自分のところに残らなかったお金ですから、まさに不労所得です。

☑ 1円も積もれば大金となる

「1円を笑うものは1円に泣く（1銭《せん》を笑うものは1銭に泣く）」と言いますが、たった1円でも、毎日貯金を続ければ、侮《あなど》れない額になります。

ひとつ、より効果的な貯金法をお教えましょう。

1月1日に1円貯金し、1月2日に1円プラスして2円を貯金する。1月3日に、さらに1円プラスして3円貯金する。

これをずっと続けていけば、12月31日には365円貯金することになります（うるう年は366円）。

貯金する額は最高でも365円なので、これなら誰にでもできそうです。

そうやって、1年間貯金したら、トータルでいくらくらいになると思いますか？

1日も休まずに、1年間、そうやって1円ずつ貯金額を増やしていくと、なんと1年後には6万6795万円になるのです。

毎日は面倒そうでできないと思う人は、A4用紙に20×19のマス目を書いて、終わりの15マスだけに×印をすれば、365マスができます。

ここに1から365までの数字を書き込み、小銭のある時に、その小銭をガラス瓶に入れて、その額の数字のマスに×印をつけましょう。全部のマスに×印がついたら、ガラス瓶には6万6795円貯まっています。

お金の不安が消えるメッセージ

貯金は〝楽しんだもん勝ち〟です！

家計簿は、つけるだけでは意味がない

あなたは、家計簿をつけていますか?

毎日、家計簿をつけているという人でも、その目的を理解していないという人は少なくありません。

家計簿をつける目的は、出費を書き出して家計全体の状況を把握するだけでなく、無駄な出費を浮き彫りにし、次からは無駄なものを買わないと反省することにあります。

ところが、出費について見直さず、家計簿をつけただけで満足してしまっている人が多いのではないでしょうか。

これでは、どれだけ家計簿をつけても、お金を貯める役に立っていないということ。丁寧に書き込まれたものでも、せいぜいあの世に旅立つ時に棺桶《かんおけ》の中に入れてもらって終わることになるでしょう。

最も肝心なのは無駄な出費を浮き彫りにし、「反省」をすることです。

家計簿をつけるなら、なるべく簡単な方法で

じつは、家計簿をつけ続けるには、努力と時間が必要です。毎日買った品物と値段をノートに書き出すだけでも30分くらいはかかります。仕事が終わって買い物に行き、夕食をつくって後片付けをすると、もうそれだけで疲れ切ってしまう。とても家計簿にまで意識が向きません。

年配の方の場合は、夜になると目が疲れるので、レシートの細かい数字をいちいち見ながら家計簿をつけるのは苦痛という方もおられるでしょう。

表第4-2　「簡易家計簿」の例

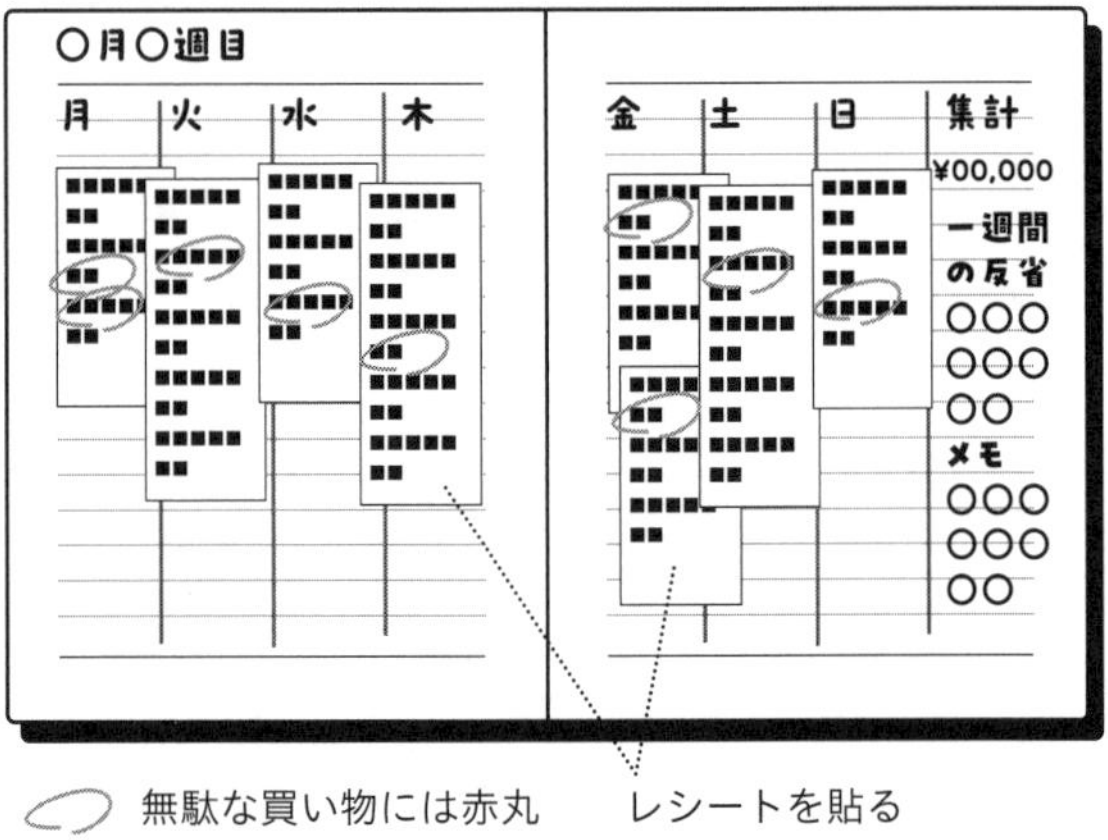

最近では、レシートの写真を撮れば自動で支出を管理してくれる「家計簿アプリ」もあります。それも便利ですが、この方法だと、無駄な出費の「反省」がしにくいのが難点です。

反省がなければ、無駄な出費は減らせませんから、もう少しアナログな方法で管理したいところです。

だからといって、分厚い家計簿をわざわざ買う必要はありません。**おすすめは、A4かB5のノートを用意し、レシートを貼って「簡易家計簿」にすることです。**

まず、ノートの1ページを4等分する

と、見開きで8コマになります。その1コマを1日分として、買い物のレシートを貼っていきます。そして、7コマ目まで1週間分のレシートを貼り、最後の8コマ目は、1週間の集計や反省メモに使います。

レシートを貼ったら、「これは無駄だった」という買い物に赤丸をつけ、ちょっぴり反省しましょう。

財布から、レシートを出して貼るのに1分、無駄だったものに赤丸をつけるのに1分、その反省をするのに1分。寝る前に3分作業をするだけで、徐々に赤丸が減り、無駄な出費もどんどん減っていきます。

自分で失敗に気がつくと、同じ過《あやま》ちを犯《おか》すまいという意識が働き、赤丸をつける嫌な気分から逃《のが》れたいと思うからです。ぜひ試してみてください。

どうしても続かない人は……

年の初めはしっかり家計簿をつけているけれど、そのうちつけ忘れる日もでてきて、だんだんと空白部分が増えてきて、結局、空白のままその年は終わり、次の年になって心機一転、今年こそはと思うのだけれど、やはり長続きしない。

そういう人は、前ページでご紹介したように、レシートを貼るだけのものでいいのです。

もし、**レシート貼りも続かないという人は、「あらかじめ分ける」という方法にチャレンジしてみましょう。**

銀行に行くと、引き出した現金を入れる袋がＡＴＭの横に置いてあります。その袋を何枚かいただいてきて、引き出してきた現金を、食費、日用品、雑費など用途別に分けて袋に入れます。その金額の範囲内で生活できていれば、１カ月の家計は十分やりくりできていることになります。

家計管理は正確さより、無駄な出費を減らす工夫を考えること

お金の不安が消えるメッセージ

第5章

そのお金、もらい損ねていませんか？制度を活用してお得に暮らす

定年後、年下の妻がいたら年金が出る⁉

家計の見直しをしてみたものの、会社をリタイアし、収入が年金だけになってしまったら、ほんとうに生活していけるのだろうか。

これまでも拙著で紹介してきましたが、老齢年金のほかに、次のような公的な制度をフル活用すると、年金が増えます。

あなたが65歳以上なら、まずは「加給年金」をもらえないかチェックしましょう。

厚生年金に加入していた会社員が年金をもらえる65歳になった時に、配偶者や子

ども など扶養《ふよう》する家族がいれば、加給年金という家族手当のような年金をもらえる可能性があります。

次の「受給条件」と「加給年金の対象者の条件」を満たしているかどうか、ご確認ください。さらに、受給のためには申請が必要なのでお忘れなく。

受給条件

・20年以上厚生年金に加入している。あるいは（共済組合などの加入期間を除いた）厚生年金の加入期間が40歳（女性と坑内《こうない》員・船員は35歳）以降15年から19年以上。

・本人が65歳になるか、あるいは定額部分支給が始まる時点で、扶養する配偶者や子どもがいる。

加給年金の対象者の条件

・扶養する配偶者が、65歳未満であること（大正15年4月1日以前に生まれた配偶者には年齢制限はありません)。
・子どもが18歳到達年度の末日まで(1級・2級の障害の状態にある場合は20歳未満)。
・戸籍上の夫婦だけでなく、事実婚のパートナーであっても、「事実婚関係及び生計同一関係の申立書」を提出すれば対象になる。

☑「加給年金」を賢くもらう方法

配偶者の加給年金は、年間23万4800円(2024年度)です。さらに、配偶者が65歳未満なら「特別加算」が上乗せされます。

たとえば、受給権者が昭和18年4月2日以後に生まれた場合の配偶者加給年金額の特別加算額は年間17万3300円(同)です。もし60歳になる配偶者がいたら、加給年金額+特別加算額=40万8100円になります。

65歳になるまで5年間受給すれば200万円を超えますから見逃せません。

注意しなくてはいけないのは、この場合の加給年金は、夫の「老齢厚生年金[注＊]」についているもの。

ですから、たとえば老齢厚生年金を繰り下げして70歳からもらい始めることにした場合、夫と妻の年齢差が5歳だと、夫が老齢厚生年金をもらい始める時に妻は65歳になっているので、加給年金はもらえません。

ただし、会社員の年金は老齢基礎年金と老齢厚生年金の「2階立て」なので、繰り下げる場合は、分けてもらうことができます。

したがって、**基礎基礎年金は70歳からに繰り下げて、老齢厚生年金は65歳から受給することも可能。**そうすれば、5歳年下の妻も、自分が年金受給を開始するまでの5年間は、加給年金をもらうことができます。

しかも、加給年金の対象者が65歳になって対象から外れても、今度は「振替加算」をもらえます。詳しくは日本年金機構ホームページ（https://www.nenkin.go.jp）を参照ください。

注＊厚生年金保険に加入していた方が受け取る年金で、給与や賞与の額、加入期間に応じて年金額が計算されます。

お金の不安が消えるメッセージ

加給年金がもらえる人は、忘れずに申請して年金を増やそう

手続きすれば一生もらえる「神・年金」

数年前、ある女性誌の記者から「先生の本を読んで、年間7万円の年金が増えることがわかりました！」と連絡がありました。

「約100万人以上が企業年金をもらい忘れている！」と書かれていたので、該当《がいとう》しないか調べてみたと言うのです。

皆さんも、「企業年金」をもらい忘れていませんか？

企業年金とは、企業が公的年金（老齢基礎年金と老齢厚生年金）とは別に上乗せしている独自の年金のことで、働いている会社に企業年金があれば、たとえ1カ月の加入であっても一生涯もらえるお得な年金です。

ところが、それをもらい忘れている人が、なんと2024年3月末現在で、約114万人もいるようです。

☑ 多くの人がもらい忘れている「企業年金」

なぜ、これほど多くの人が、もらえるはずの年金をもらっていないのでしょうか。

わりと多い理由が、なんらかの理由で退社してしまったから。

企業年金は、確定給付企業年金、確定拠出年金、厚生年金基金などがありますが、そのなかで大きな割合を占める厚生年金基金は、原則65歳から支給されるものです。ただし、その間に姓が変わったり、住所が変わったりした際に変更手続きを怠《おこた》っていると、その通知が届かない可能性があります。

しかも、本人が「そういえば、若い頃に企業年金に加入していた」と覚えていればいいのですが、何十年も前のことですし、そもそも企業年金に加入していたことさえ知らなかったという人がたくさんいて、本人も気づかない。

そうなると通知にも気づかず、「もらい忘れ」になっている可能性は大きいです。

☑ 状況がわからなかったら、問い合わせてみる

企業年金も、本人から手続きしない限り支払われません。

勤め先が倒産していたり、厚生年金基金を解散してしまっているような場合でも諦《あきら》めないこと。

10年未満など短期の加入者や、10年以上加入していたが厚生年金基金自体が解散している場合には、積み立てた企業年金は企業年金連合会に移管されている可能性があります。**企業年金連合会に一度、問い合わせてみてください。**

電話で問い合わせる場合は、企業年金コールセンターへ（0570－02－2666）。受付は平日午前9時から午後5時。
インターネットで企業年金連合会の年金記録を確認するなら、企業年金連合会のホームページから確認できます。（https://www.pfa.or.jp/otoiawase/service/index.html）。

お金の不安が消えるメッセージ

5万円、10万円でも、もらえるものはもらっておく

その貯金、20年で消滅します！

この世には、放置していると消滅してしまう「危《あぶ》ない貯金」があります。

「それって、休眠預金のことでしょう？」と思う方もいるかもしれませんが、「休眠預金」とは、2009年1月1日以降、10年以上にわたって取引がない銀行預金等のことで、ここに預けられたお金は民間の公益活動に活用されます。

ただし休眠預金は、預金者が気付いた時点で銀行等に申し出れば、いつでも、引き出しが可能です。通帳と印鑑を持っていけば引き出せます。

「消滅」してしまうのは、この休眠預金ではありません。

それは、**「郵便貯金」**です。

☑ 2007年以前に郵便局に貯金していた人は要注意

皆さんは、「郵政民営化」を覚えていますか？

国営だった郵便局を民営化した、小泉純一郎内閣が行なった改革です。

その結果、郵便局が、日本郵政という持ち株会社のもとで、「ゆうちょ銀行」「かんぽ生命」「日本郵便」の3つの株式会社に分かれました。

そのスタートが、2007年10月1日。

その時、**民間銀行となった「ゆうちょ銀行」は、民間銀行と同じルールになったので、破綻《はたん》したら1000万円プラス利息までしか保護されません。**

その代わり、何年経っても貯金の払い戻しの権利は消滅せず、休眠預金等となっているお金も、請求すれば引き出せます。

では、郵便局が民営化する前の2007年9月末までに郵便局に預けた定額郵便貯金、定期郵便貯金、積立郵便貯金はどうなるのでしょうか。注*

これには旧郵便貯金法が適用されているので、貯金は100%国が保護してくれますが、満期後20年が経過する時には、届け出のあった住所に「このままでは貯金が消滅しますよ」という案内が送付され、その後2カ月経っても払戻しの請求がない場合には、権利が「消滅」することになっています。

そのため、**2020年度は369億円、2021年度は457億円、2022年度は197億円、2023年度には155億円もの貯金が消滅しています。**

さすがに、「自分の貯金なのに、払い戻しができなくなるなんて理不尽だ」という苦情も多かったようで、2024年1月4日から、たとえば子ども名義でつくった貯金があり、それを親から知らされなかったケースなどは払い戻しに応じるなど、要件が緩和《かんわ》されています。

注＊　通常郵便貯金の場合は、２００７年9月末の時点で、最後の取扱日から20年2カ月を経過していないと、ゆうちょ銀行の「通常貯金」に引き継がれていますので安心してください。

お金の不安が消えるメッセージ

心当たりがある人はできるだけ早く郵便局へ問い合わせてみましょう

簡易保険にも「もらい忘れ」が山ほどある

郵政民営化がスタートした2007年以前に郵便局へ預けた定額郵便貯金などが、消滅の危機を迎えていると前項で書きました。

さらに、満期が来たのに引き取り手がなくて宙に浮いている簡易保険が、山のようにあります。

民営化する前の郵便局が取り扱っていた「簡易保険」は、「ゆうちょ銀行」や「かんぽ生命」ではなく、「郵便貯金簡易生命保険管理・郵便局ネットワーク支援機構」というところが預かっています。

2024年8月末で、保険件数が約636万件、保険金額約16兆8648億円、

年金が114万件で、約3703億円。このなかには、満期を迎えている保険がかなりの数含まれているのではないでしょうか。

請求しないと保険金はもらえない

なぜ、こんなことが起きているのでしょうか。

どうやら、知り合いの郵便局員に頼まれて保険に入ったものの、そのまま放置されているケースが多いようです。また、子どものために保険を掛けたまま、親が忘れてしまっていることも。

ちなみに、**郵政民営化の前に加入している「簡易保険」には、予定利率といって運用利回りが高いものが多くあります**。つまり、「お宝保険」の可能性が高いのです！

ただし、こうした保険を見つけても、自分で請求しないと保険金は戻ってきません。

もし、自分が、あるいは親が自分のために郵便局の「簡易保険」に入っていたかもしれないという方は、一度調べてみたほうがいいかもしれません。

まず、過去の郵便局の貯金通帳などを見て、保険料の引き落としの履歴がないか確認してみましょう。

現金一括で保険料を払っていると、こうした履歴がない場合もあります。そういう時には、最寄りの郵便局の窓口か、かんぽコールセンター（0120－552－950、平日午前9時から午後5時）に問い合わせてみるといいでしょう。

ひょっとしたら、両親が自分のために保険料を払ってくれていた簡易保険を発見できるかもしれません。

お金を手にできる喜び以上に、自分のことを気にかけて、コツコツと保険料を払い込んでくれたご両親の温かい気持ちが伝わってくることでしょう。

お金の不安が消えるメッセージ

古い簡易保険は、貯金通帳か、かんぽコールセンターで確認を！

バブル時代に加入した「お宝保険」を探し出せ

ここからは、放っておいてもどんどん増えていく「お宝保険」について説明していきましょう。

まずは、「お宝保険」の仕組みを説明します。

生命保険では、「死亡保障」と「入院（通院）保障」は掛け捨てですが、バブル期に発売された保険のなかには、この掛け捨ての保障に「貯蓄部分」が付いている保険がかなりあります。

「終身保険」や「個人年金」などは、この貯蓄部分がかなり大きい割合を占めています。

この貯蓄部分の運用利回りは、加入時に約束された予定利率が、解約時まで適用されます。

ですから、運用利回りが高い時に加入した保険の「貯蓄部分」は、低金利の現在でも高い利回りが保障されているのです。

たとえば、バブルの頃に積立型の「終身保険」や「個人年金」に加入していた場合、運用利回りが5・5％と超高い！　実際に、バブルの頃に予定利率が5・5％だった「学資保険」や「養老保険」などは、預けた額の2倍近くになって戻ってきたという声を聞きます。

この超低金利の現在でも、5・5％という高い利回りのまま運用されている「お宝保険」が、どれだけすごいのかを見てみましょう。

30年前に35歳で1000万円の終身保険に加入し、65歳で保険の支払いを終えたAさん。65歳からは保険料を1銭も支払わなくても、いつ死んでも1000万円の保障が続きます。なぜなら、すでに65歳までに、一生涯の保障が受けられる保険料を払い込んでしまっているからです。

この保険は、途中で解約することもできたはず。

65歳でこの保険を解約すると、解約返戻金として約394万円が戻ってきます。

でも、75歳まで放置すると、なんと約488万円になり、85歳になると約730万円に、95歳で解約すると約880万円にもなります。

つまり、65〜95歳まで30年間、1銭の保険料も支払わないのに、置いておくだけで約394万円の解約返戻金が約2倍以上の約880万円に増えるのです。

☑ これから入る保険では増えない

いつ死んでも1000万円の保険金が出るわけですから、普通に考えると、解約返戻金もその分減っていってもおかしくないはず。

それなのに、バブルの頃に入った運用利回り5・5%の「お宝保険」は、その高利回り運用ゆえに、どんどん増えていくのです。

予定利率の高い時に入った保険は、解約せず大切に持っておくといいでしょう。

ただし、**これから保険に入ろうとしている人は注意が必要です。**

商品にもよりますが、現在は貯蓄型の運用利回りは最大1％くらい。外貨建てだともう少し高いですが、その分為替《かわせ》のリスクも大きいからです。

お金の不安が消えるメッセージ

これから生命保険に入るなら、「保険は掛け捨てで、必要な保障だけを買う」という方針が正解です

もらい始めるのを遅らせれば、年金額が増える

公的年金は、基本的には65歳からもらい始めます。

けれど、**本人が希望すれば、60歳から75歳までの間なら、いつからでももらい始めることができます。**

もちろん、65歳より前にもらい始めると、年金額は65歳でもらう額に比べて減ります。65歳よりも1カ月もらうのを早めるごとに、年金額が0・5％ずつ減額されるのです。

また、65歳以降にもらい始めると、年金額は65歳でもらう額に比べて多くなります。もらえる年金額は、1カ月あたり0・7％ずつ増えるのです。

ですから、65歳で10万円の年金をもらう人の場合、70歳まで受給を延ばせば14万2０００円を死ぬまで受給できますし、75歳からもらい始めれば、18万4０００円を死ぬまで受給できることになります。

結局、何歳からもらい始めれば得なのか？

こう聞くと、「だったら、75歳になったらもらい始めよう」と思う人もいるかもしれません。

ただ、もし74歳で他界してしまえば、せっかくの年金を１銭ももらえないことに。

では、何歳まで生きれば、65歳で年金をもらい始めるよりもお得になるのでしょうか。

ザックリ言えば、**76歳より前に亡くなるのなら、60歳からもらい始めたほうがい**

い。81歳以上生きるなら70歳からもらい始めたほうがいい。さらに、75歳からもらうなら88歳以上は生きないとお得にはなりません。

悩ましいのは、人間の寿命は誰にもわからないこと。わかっていたら、何歳から年金をもらい始めるとお得なのかも計算できるのですが、これぱかりは神のみぞ知る領域ですから誰もわかりません。

それでも、ひとつだけ覚えておいてください。

「特例的な繰下げみなし増額制度」があります。

国民年金や厚生年金を70歳まで繰り下げてもらうつもりでいた人が、医者に「余命わずかです」と宣告されたとしたら、ほとんど年金をもらわないうちにあの世に旅立ってしまうことになります。

そんな時は、**5年前まで遡《さかのぼ》って年金をもらうことができます。**繰下げ受給の申請の際に説明があるはずです。

たとえば、65歳で月10万円の年金をもらえる人がいたとしましょう。

この人が70歳まで年金をもらわず繰り下げていたら、70歳からは月14万2000円の年金が月々もらえます。

この人が、70歳時点で「特例的な繰下げみなし増額制度」を使って5年分の年金をもらうとすると、月10万円×12カ月×5年＝600万円を一括で受け取れます。

ただし、**この場合は「繰下げ加算」がない状況に戻ってしまうので、70歳からもらえる年金は月14万2000円ではなく、65歳からの月10万円になってしまいます。**

お金の不安が消えるメッセージ

年金をもらわずに死んでたまるか！

地方に移住して補助金をゲット！

世界中に400万人のユーザーを持つ、海外で生活する駐在員や留学生のための世界最大のコミュニティーサイト「インターネーションズ（InterNations）」では、毎年「外国人が最も暮らしやすい世界の都市ランキング」を公表しています。

2022年のランキングを見ると、東京は50都市中、42位です。外国人にとって住みにくい都市のワースト10に入っていました。

さすがに、23年は49都市中26位まで上昇しましたが、それでも、「暮らしやすさ」では、上から数えるよりも下から数えたほうが若干早い。

英エコノミスト誌の「世界で最も住みやすい都市ランキング2024」でも、大阪は9位に入っているのに、東京は14位でした。

その原因のひとつには、「東京一極集中」が挙げられます。

東京に人口が集中しすぎていることに危惧《きぐ》を抱《いだ》いた政府は、２０２２年12月に「デジタル田園都市国家構想」で、２０２７年までに東京圏（東京、神奈川、埼玉、千葉）から地方への移住者を年間１万人にする計画を立てました。

そのために東京圏に住んでいる、もしくは通勤している人が地方に移住（テレワークで東京の仕事を続けながらでもＯＫ）をすると、移住支援金として最大１００万円を支給する制度をつくりました。

さらに、「地方創生企業支援事業」として、移住とともに地域課題解決に資する社会的事業を立ち上げた人には、申請すれば最大２００万円の支援金がプラスされます。

つまり、**地方に行ってひと旗あげたいという人には、最大で３００万円の援助が受けられる可能性があるということです。**

この制度は、2027年度までの予定ですが、それ以降も延長される可能性がゼロではありません。

ただし、自治体がこの事業を実践していることが前提なので、詳しくは移住を希望する自治体に聞いてみてください。

✅ 山梨県にプチ移住体験

国の制度だけでなく、移住者を迎え入れるためにさまざまな制度を用意している自治体は少なくありません。

たとえば、2018年に「住みたい田舎ランキング1位」となった山梨県北杜《ほくと》市。八《やつ》ヶ岳《たけ》や南アルプスに囲まれたリゾート地で、前述の補助金が使えるほか、高齢者が3人以上のグループをつくって、市営温泉を活用した健康づくり活動を行なうと、些少《さしょう》ではありますが補助金も出ます。

また、**山梨県内には北杜市を含めて、11の自治体で「やまなし移住お試し住宅」**

があります（**2024年11月現在**）。

移住を検討している人に、無料で住宅を提供し、地域を視察・暮らしを体験してもらおうというものです。たとえば北杜市では、2泊3日から7泊8日まで受け付けています。

いきなり移住するのはハードルが高いので、まずはこうした制度を利用しながら老後の生活について考えをめぐらすのもいいでしょう。

「終《つい》の棲家《すみか》」は大都市より地方がいいかも？

お金の不安が消えるメッセージ

「ふるさと納税」で旅行をお得に楽しむ

定年退職したら、妻と2人でいろいろなところに旅行したい。そんな楽しい計画を立てている方も多いのではないでしょうか。

そんなリタイア後の旅に使えるのが、〝ふるさと納税〟の旅行券。

「JTBふるさと旅行クーポン」なら3年間有効。楽天のふるさと納税のトラベルクーポンは3年先までの宿泊などに使えます。日本旅行の「地域限定旅行クーポン」だと、有効期限は5年です。

ちなみにふるさと納税ポータルサイトの「ふるなび」では、旅行したい地域にふるさと納税（寄附）をすると、返礼品として寄附金額に応じた「ふるなびトラベルポイント」をもらえます。思い立ったら寄附をして、すぐにそのポイントを利用して、寄附した地域で宿泊や食事、さまざまな体験を楽しむことができます。

このポイントは無期限で、積み立てることもできるので、いつでも旅行が可能です。

また、最近は災害があると、「ふるさと納税」の各ポータルサイトに、すぐに災害支援金の寄付のサイトが立ち上がります。被災した自治体に代わり、周囲の自治体が代行で寄付をつのるケースも多いです。

リタイア前で、まだ働いて税金を納めているという人は、「ふるさと納税」を使って復興資金を寄付するのもいいでしょう。

☑「自分史」から「空《あ》き家の見守り」まで〝変わり種〟返礼品

「ふるさと納税」では、思いもよらない面白い返礼品もあります。

たとえば、大阪府枚方《ひらかた》市では5万円の寄付で、「～貴方《あなた》の為《ため》の写真集～写真で綴《つづ》る『自分史』」という返礼品があります。制作キットが送られてきて手順に従って作業するだけで、誰でも簡単に「自分史」が完成します（メールや電話等のサポートもついています）。

ほかにも、家で育てられるきのこの栽培キットを提供する自治体や、空き家の見守り、お墓の掃除、ランドセルのリメイク、FM局で自分の番組を放送するなど、ユニークな返礼品がたくさんあります。

ぜひ皆さんも、ゆかりのある街や、故郷の返礼品を調べてみてください。

ちなみに、私の故郷の返礼品は、10年間有効の「お礼品交換チケット」。これで、小さい頃から食べ慣れている地元の味噌《みそ》を毎年堪能《たんのう》します！

お金の不安が消えるメッセージ

地域とのつながりを意識するのも、老後を楽しく過ごすためのスパイスになりますよ

第6章

「相続の心配」は無駄！死ぬまでにお金を使い切りなさい

団塊《だんかい》の世代が「貯めたお金」を使えないワケ

老後というと、健康がまず第一です。しかし、介護を含めお金の心配ばかりがクローズアップされすぎている気がします。

そのため、70歳を過ぎて、そのままいけば、つつがなく幸せな暮らしができそうな人まで、「老後資金が足りなくなるのでは」とか、漠然《ばくぜん》と「老後が不安」と感じていて、心が休まらない状態です。

70代になれば、お金を増やす必要はないのですから、**残りの人生でお金をどう使うかに目を向けるべきではないでしょうか。**

本章では資産防衛から一歩進んで、幸せなお金の使い方について考えていきましょう。

「日本人は、死ぬ前がいちばんお金持ち」だと言われています。

10年前に出した、『貯め込むな！　お金は死ぬ前に使え。』（マガジンハウス）という本を書くにあたって、いろいろと調べたのですが、当時の60〜69歳の貯蓄額は、２４８４万円で、どの世代よりも金持ちでした。

じつは、こうした状況はいまも変わらず、当時60代だった世代が70代になり、今は最もお金持ちです（「家計調査〈貯蓄・負債編〉」２０２３年）。

世帯主が50代の世帯

貯蓄現在高１７０５万円、負債現在高７１５万円

１７０５万円－７１５万円＝９９０万円

世帯主が60代の世帯

貯蓄現在高２４３２万円、負債現在高２０１万円

2432万円－201万円＝2231万円

世帯主が70歳以上の世帯

貯蓄現在高2503万円、負債現在高78万円

2503万円－78万円＝2581万円

世帯主が70歳以上の世帯は、貯蓄現在高は最も多く、負債現在高が少ないので、どの世代よりもお金を持っていることになります。

とくに、団塊の世代は群を抜いてお金を持っていますから、これ以上欲を出して投資で儲《もう》けようと思わないほうが、心豊かに暮らせるのではないでしょうか。

子どもを体育館に集めて、貯金させる!?

いまの高齢者は、小さな頃から節約と貯金が身についている人が多く、たくさんお金を持っている上に、人並み以上の贅沢《ぜいたく》は求めず、いまだにお金をコツコツと貯

金している人がたくさんいます。

慎《つつ》ましく暮らすことは大切ですが、必要以上に慎ましい人を見ると、私は「お金の使い方を教わってこなかったからではないか」と思うようになりました。

頑張って稼いだお金なのに、高齢になっても楽しく使うことができないのです。

それは、日本の教育に原因があります。

日本は、1945年に、第二次世界大戦で敗戦し、東京などは焦土《しょうど》となりました。そこから経済を復興させるには、銀行にお金を集め、銀行が企業にそのお金を貸し付け、その金で企業が設備投資をしたり多くの人を雇い、雇われた人たちがしっかり働いて稼ぐ。そして、稼いだお金を銀行に貯金するという経済循環が不可欠でした。

そこで、前述したように、政府は国をあげて「貯蓄教育」をしてきたのです。

いま、政府は積極的に投資を呼びかけ、「新NISA」をスタートさせましたが、当時の政策は真逆で、「投資より貯金をしましょう」と盛んに宣伝していました。

戦争が終わった翌年の1946年に、通貨安定対策本部を中心に「救国貯蓄運動」がスタートすると、「25年度〝特別貯蓄〟で3400億円達成」などのスローガンを掲げ、貯蓄教育のために小学校に「こども銀行」をつくりました。

「こども銀行」などと聞くと、団塊の世代より後に生まれた人たちは、おもちゃのお金を使って貯金の教育をするのかと思うかもしれませんが、そんな模擬的なものではありません。

学校が「子ども通帳」なるものをつくり、毎月決まった日に小学校の5年生、6年生が体育館に集められ、そこで待ち構えている金融機関に、家から現金を持ってきて貯金するのです。

つまり、当時の貯蓄教育は、子どもに対する「強制貯金」そのものでした。

☑ いまの高齢者はお金の使い方を教えられてこなかった

こうして幼い時に、国によって「投資より貯蓄」を頭のてっぺんから爪先《つまさき》まで徹底的に叩き込まれた子どもたちが、団塊世代なのです。

「三つ子の魂百まで」と言いますが、彼らの根底には「無駄なお金は使わずに貯金する」という精神が脈々と流れています。

ずっと節約して無駄なお金を使わずに貯金し続けてきたので、楽しいお金の使い方がわからない。それは、誰からも教えられてこなかったからです。

お金の不安が消えるメッセージ

70歳になっても、資産を増やそうと考えるのはやめなさい

子どもと一緒に暮らす意外なメリット

幼少期に教えられてこなかったことは、お金の使い方だけではありません。世の中に横行《おうこう》する詐欺《さぎ》から「お金を守る方法」も教えられてきませんでした。

その結果、オレオレ詐欺や、SNS型投資詐欺などお金はあっても金融知識が乏しい高齢者が狙《ねら》われ、多額の被害が発生しています。

団塊の世代の方々は、「投資で増やす」ことよりも、「投資で騙《だま》されない」ように警戒したほうがいいでしょう。

高齢者が簡単に詐欺に遭《あ》ってしまう理由がもうひとつあります。

高齢になるにつれて「健康」と「孤独」への不安が増してくることです。

とくに一人暮らしの場合は話す相手も少なくなり、ますます不安がつのります。優しく話を聞いてくれる人が現れたら、警戒心も緩《ゆる》みがちになり、うっかり信用してしまうことも。

認知症になる可能性も高まります。認知症になると、いろいろな問いかけが理解できなくなり、よくわかっていなくても「はい」と返事をしてしまう傾向があると言われています。そんな状況で悪質な訪問販売から「契約してくれますよね？」としつこく勧められれば、ついついサインしてしまう。そういった高齢者はほんとうに多いです。

こうした事態を防ぐには、近くに信頼できる誰かがいることが不可欠です。そこで私がお勧めしたいのが、二世帯住宅です。

☑「二世帯住宅」は、相続税対策にもなる

最近は、親の所有する土地に「二世帯住宅」を建てて一緒に暮らすというケース

が増えています。

じつは、二世帯住宅は、子どもにとっても大きなメリットがあるからです。高い住居建築費を親に出してもらえれば家計が助かります。また、出かける時には子どもを見てもらえるでしょう。

親としても、バリアフリー対策や高気密高断熱、間取りなど、老後に向けて暮らしやすい住まいが手に入りますし、孤独を感じて不安が増すことが減るかもしれません。

二世帯住宅が建っている土地の登記上の所有者は親が多いので、もし親が他界して相続が発生すると相続税がかかります。

ただ、**二世帯住宅を建てて同居していると、「小規模宅地の特例（限度面積330㎡）」が使えて相続税が8割減額されます。**

ちなみに、平成26年の相続税法の改正で、アパートの1階と2階のように、完全に分離している構造でも、「小規模宅地の特例」が使えるようになっています（ただし、建物の区分所有登記をしていると、同居とは判定されません)。もし親が他界したら、空《あ》いた部屋をアパートのように他人に貸して、そこから収入を得ることも可能です。

小規模宅地の特例が使えるのは、親が亡くなる前に住んでいた家などです。親が入居していた老人ホームなどで亡くなった場合でも、「要介護認定を受けていた」などいくつかの要件を満たせば、使えるようになっています。ホームに入居した時には要介護認定ではなくても、亡くなった時に要介護認定になっていれば対象となります。この特例を使う場合の要件等は複雑なので、詳しくは税理士に相談してください。

同居のメリット・デメリットは人によってさまざまなので、どうすればお互いに幸せに暮らせるか、相続のことも含めて子どもと相談するといいでしょう。

遺産をめぐって子ども同士が争うことも⁉

遺産相続は、兄弟争いの種になりがちです。

家庭裁判所で争われている遺産分割に関する案件を見ると、遺産総額1000万円以下でトラブルとなっているケースが33・8％（「令和5年度司法統計年報」）となっています。

数億円もの財産で争っているというならわかりますが、1000万円以下のお金をめぐって、兄弟、親族が骨肉《こつにく》の争いをしているのです。たとえ家庭裁判所の調停で合意したとしても、当人同士は一生涯反目《はんもく》し合うことになりかねません。

だとしたら、結論はシンプルです。

なるべく自分の死後にお金は残さないこと。

生きているうちに、子どもたちを誘って旅行したり、食事をするのもいいでしょう。親が費用を負担してくれるとなれば、子どもたちは大喜びのはず。

こうして、生きているうちに家族の絆《きずな》を強めたほうが、自分の死後も、みんなで仲良く暮らしてくれることでしょう。

また、借りたお金や貸したお金は早めに清算しておくことも大切。「お父さんの借金で、家を手放さなくてはならなくなってしまった」などと子どもから恨《うら》まれないようにしたいものです（相続放棄をすれば、負債を受け継ぐ必要はありません）。

借金が原因で夫婦関係が壊れたり、親友だったのに金の貸し借りの問題で絶縁したり、仲間と起業した会社が金の問題がきっかけで空中分解するというケースは、枚挙《まいきょ》に暇《いとま》がありません。

お金の不安が消えるメッセージ

死後にお金を残すよりも、家族の絆を強めるためにお金を使う

「要介護」になっても、楽しい旅行はできる！

「夫が要介護になってしまったので、大好きな旅行ができなくなった」という話を聞きました。

けれど、いまは、介護が必要な人向けに、介護旅行を扱っている旅行会社もあります。

こうした会社に頼めば、バリアフリー対応の交通機関や宿泊施設を紹介してもらえます。

たとえば、リフトやスロープがついていて、車椅子《くるまいす》でも利用できる介護タクシーや、館内の風呂にしっかりと手すりがついていたり、イスに座ってシャワーを浴びられたり、食事も食べやすいおかゆや刻み食にしてもらえる宿泊施設を組み入れた旅行プランを立ててくれます。

さらに、旅行介助士や介護福祉士などの専門的な資格を持った人が旅行に同行してくれるプランもあります（介護度によって同行基本料金が異なる）。

とくに、**旅行介助士は、介護と添乗員の2つの資格を合わせたような資格で、介護経験がなくては取れないので、体が不自由な方でも、安心して旅行することができます。**

旅行に出かける時には、「お薬手帳」は、忘れずに持っていきましょう。

「障害者手帳」がある方は持参しましょう。障害者手帳を見せれば、観光施設や交通機関などが割引になるケースもあります。

お金の不安が消えるメッセージ

要介護になっても、大好きな旅行は諦《あきら》めないで！

後見人を検討する前に、家族との絆を強める

「認知症を患《わずら》って、自分の財産が管理できなくなった時のことを考えて、成年後見人制度を利用したほうがいいのだろうか」と考える方もおられることでしょう。

２０００年からは、本人の判断力がしっかりしている段階で契約して財産を任せる「任意後見人制度」もスタートしています。

ただ、**この制度を利用するには、手続きに手間がかかるだけではなく、専門家に依頼するので、申請の際の公正証書作成手数料として1万5000円以上の費用がかかります。**

さらに任意後見人を専門家に頼んだ場合、管理財産額によって毎月２～６万円の

費用を報酬《ほうしゅう》として支払うことになります。
任意後見人は家族が担い、無償とすることもできますが、専門家に任意後見監督人を頼まなければなりません。また、契約内容によっては、たとえ息子であっても親の財産を自由に管理・運用するのは難しくなる可能性があります。

一般的なご家庭では、イザという時のために遺言書をしっかり書いておけば、こうした制度をわざわざ利用しなくてもいいのではないでしょうか。

もし、「認知症になった時、家族に迷惑をかけたくない」と思うのであれば、まだ頭がしっかりしているうちに、自分で幸せに暮らせそうな施設を探して見学するなどして、最後はそこで介護してもらいましょう。

お金の不安が消えるメッセージ

安心してお金を任せられるような信頼関係を、子どもとの間に構築しておこう

おわりに――老いを、恐れない

人は年齢を重ねるごとに、「老い」を自覚します。

これまで簡単にできたことが、なかなかできなくなる。

若い頃はピチピチしていた肌が、いつの間にかシワだらけになっている。風を切って颯爽《さっそう》と歩いていたのに、ふと窓に映った自分の歩く姿を見ると、肩を窄《すぼ》めた老人のようになっている。


私も、そうです。70歳を過ぎて、体力の衰えを感じるし、視力も悪くなっている気がします（食欲だけは20代の頃と変わりませんが）。

でも、それは人間である以上あたりまえのことで、誰もがそうやって歳《とし》をとりながら、いつかはこの世とオサラバしていくのです。

それなのに、残り少ない人生、お金の心配をしながら過ごしていたら、いっそう老化が進んでしまうと思いませんか？

それよりも、生きている間は楽しく過ごしたいもの。

いままで家族のために働き続け、周囲に気を遣《つか》って生きてきたのですから、これからは自分だけのために生きてもバチはあたりません。

少しのお金を残すよりも、旅行に行ったり、映画を見たり、食事に行ったりして、自分や家族のために楽しくお金を使いましょう。

手持ちのお金が少ないなら、家の庭に野菜の種をまいてもいい。庭がなければ、プランターでゴーヤやミニトマトなどを育ててもいいでしょう。自分が種をまいた野菜が大きく育つのを見るのは楽しいいし、それを収穫して食べれば元気が出てくるはずです。

好きな絵を見に美術館に行ったり、鉄道の写真を撮ったり、美味《おい》しいお菓子を目当てに散歩したり、そんなゆったりとした時間を好きなだけ満喫できるのは、若い人には真似できない高齢者だけに与えられた特権です。

そんな生き方ができれば、きっと豊かな老後になるはずです。

「認知症になったらどうするの？」と聞かれますが、そんなこと、いまから心配しても仕方がないでしょう。

仮に認知症を患《わずら》っても、自分には自覚がないのだから苦しまない。ボケた後のことまで心配するよりも、いまを精一杯に楽しんだほうがいい。そういう人ほどボケないと、私は信じています。

本書では、高齢の読者の方に向けて伝えたいことをすべて書きました。

内容にショックを受けたという人もいるかもしれませんが、この本を読んで実践していただければ「老後の心配」は不要です。どうぞ安心して人生後半を楽しんでください。

さまざま制度についてより詳しく知りたいという方は、『年金だけでも暮らせます』（文庫版『年金だけで十分暮らせます』）『保険ぎらい』『5キロ痩《や》せたら100万円』（すべてPHP新書）も参考にしてみてください。

上記3作を手掛け、本書の企画・編集もご担当いただいた大隅元《げん》編集長には、今回もたいへんお世話になりました。

なにより、私の著作を手に取ってくださる読者の方々に深く感謝いたします。

ともに有意義な老後を過ごしましょう！

経済ジャーナリスト　荻原博子

PHP新書
PHP INTERFACE
https://www.php.co.jp/

荻原博子［おぎわら・ひろこ］
1954年、長野県生まれ。経済ジャーナリスト。大学卒業後、経済事務所勤務を経て独立。経済の仕組みを生活に根ざして解説する、家計経済のパイオニアとして活躍。著書に『年金だけでも暮らせます』（PHP新書）、『払ってはいけない』（新潮新書）、『老前破産』（朝日新書）など多数。

PHP新書 1417

65歳からは、お金の心配をやめなさい
老後の資金に悩まない生き方・考え方

二〇二五年一月十日 第一版第一刷
二〇二五年二月十二日 第一版第二刷

著者――荻原博子
発行者――永田貴之
発行所――株式会社PHP研究所
東京本部――〒135-8137 江東区豊洲5-6-52
ビジネス・教養出版部 ☎03-3520-9615（編集）
普及部 ☎03-3520-9630（販売）
京都本部――〒601-8411 京都市南区西九条北ノ内町11
組版――yamano-ue
装幀者――芦澤泰偉＋明石すみれ
印刷所
製本所――TOPPANクロレ株式会社

ISBN978-4-569-85853-1

ＰＨＰ新書刊行にあたって

「繁栄を通じて平和と幸福を」(PEACE and HAPPINESS through PROSPERITY)の願いのもと、ＰＨＰ研究所が創設されて今年で五十周年を迎えます。その歩みは、日本人が先の戦争を乗り越え、並々ならぬ努力を続けて、今日の繁栄を築き上げてきた軌跡に重なります。

しかし、平和で豊かな生活を手にした現在、多くの日本人は、自分が何のために生きているのか、どのように生きていきたいのかを、見失いつつあるように思われます。そして、その間にも、日本国内や世界のみならず地球規模での大きな変化が日々生起し、解決すべき問題となって私たちのもとに押し寄せてきます。

このような時代に人生の確かな価値を見出し、生きる喜びに満ちあふれた社会を実現するために、いま何が求められているのでしょうか。それは、先達が培ってきた知恵を紡ぎ直すこと、その上で自分たち一人一人がおかれた現実と進むべき未来について丹念に考えていくこと以外にはありません。

その営みは、単なる知識に終わらない深い思索へ、そしてよく生きるための哲学への旅でもあります。弊所が創設五十周年を迎えましたのを機に、ＰＨＰ新書を創刊し、この新たな旅を読者と共に歩んでいきたいと思っています。多くの読者の共感と支援を心よりお願いいたします。

一九九六年十月

ＰＨＰ研究所